Guten Tag

親子玩德瘋

慢慢走，好好玩，
最適合親子的兩大旅遊路線╳
私房景點╳
德式生活體驗提案！

Melon 著

▲ 推薦序

親愛的台灣讀者，在這本旅遊書中，Melon 親切地描述了當臺灣家長在異國他鄉渡假時可能遇到的問題，以及這樣的旅行為親子關係帶來很多很棒的體驗，這些體驗都是根據 Melon 自己與先生孩子們多年來，在德國渡假時所累積。而這些渡假的時光，並不是只有爸爸滑手機，或孩子們沈浸於平板，而是日後成為全家人一起共同、不可磨滅的回憶。

在她豐富的旅遊指南中，除了介紹許多旅遊亮點，也提供了許多德國自助旅行的技術細節。例如住在許多德國地區都有提供的農場裡，以農場作為渡假基地，就是非常美好的安排，全家可利用這樣的基地，進行附近景點如新天鵝堡或黑森林的一日遊。當然，本書中的旅遊情報，也少不了對於主題公園如樂高樂園、摩比樂園或歐洲主題樂園的介紹。

言以蔽之，本書含蓋了許多寶貴詳實的旅遊資訊，將有助於您與孩子們創造一個難忘的親子德國假期。

孩子們喜歡童話故事，孩子們喜歡遊戲，孩子們愛冒險也愛動物，而孩子們更愛的是，花時間真正與他們相處的家長……所以，去德國渡假吧 ！

麥斯文
德國在台協會新聞暨公關組組長

Liebe taiwanische Leser,

Melon beschreibt in diesem Reisebuch liebevoll, welche Hürden taiwanische Eltern bei einem Urlaub in einem fremden Land nehmen müssen und wie viele tolle Erfahrungen das für die Kinder und die Eltern-Kind-Beziehung mit sich bringt. Melon beschreibt das aus eigener Erfahrung, denn sie hat viele Urlaubstage mit ihrem Mann und ihren Kindern in Deutschland verbracht. Tage, an denen Papa nicht vom Handy oder die Kinder vom Tablet abgelenkt waren, sondern die gemeinsame, unauslöschbare Erinnerungen geworden sind.

In ihrem umfangreichen Reiseführer werden neben touristischen Highlights auch viele technische Details für individuelle Reisen in Deutschland erklärt. Ein Urlaub auf dem Bauernhof, wie er in vielen deutschen Bundesländern angeboten wird, ist zum Beispiel ein ganz tolles Erlebnis, das dem Tagesausflug nach Neuschwanstein oder in den Schwarzwald einen wunderbaren Rahmen gibt. Natürlich fehlen auch die Hinweise auf Erlebnisparks, wie Legoland, Playmobil oder Europapark nicht in den Reisehinweisen.

Dieser Reiseführer steckt voller wertvoller, gut recherchierter Informationen darüber, wie ihr Deutschlandurlaub mit Kindern zu einem unvergesslichen Erlebnis werden kann.

Kinder lieben Märchen, Kinder lieben Spiele, Kinder lieben Abenteuer, Kinder lieben Tiere und Kinder lieben Eltern, die ihre Zeit mit ihnen verbringen··· Also: Auf zu einem Urlaub nach Deutschland!

Sven Meier
Referent Öffentlichkeitsarbeit
Deutsches Institut Taipei

走一條人跡稀少的長路

認識 Melon 已逾十年，真要說有什麼深刻熟識的交情，似乎談不上。十餘年來在臉書部落格上互相注視，看著彼此的家庭成長，相見次數雖有限，卻因為莫名的相契，保持著一種微妙又理想的君子之交。

Melon 一家人對德國的熱愛，比我家的德國先生還要道地還要誠懇，我對德國文化的許多認識，不來自最親密的身邊人，經常來自 Melon 的分享。我喜歡她對家庭和教養的態度，對生活的用心經營，在她那些貌似強迫症的對細節事物的紀錄和詳實追求中，我感受到她對舒闊生命的渴望，也極力給予家人最舒適自在的生活方式。

這也是我在離開出版職場之前，一直希望能夠出版Melon 的書，分享她這幾年用心生活的足跡。南德不止是南德，重點在於方式，態度，以及心境。旅行總是為了離開日常的生活，但同時也是為了讓日常的生活得以注入能量，努力繼續。這也是我自己對旅遊的想法，以及帶領幼齡小孩旅遊的想法──讓孩子在旅行中學習如何自在生活。景點種種最後往往是繁花過眼，但留在旅人心中的，永遠是過程中彼此的相處及記憶，那些舒緩，溫柔，無所事事卻至關緊要的時時刻刻。

非常高興這本書仍能順利的出版，且是以我原來期待的樣
貌。這不只是旅遊工具書，也不只是親子教養書，在這些輕
鬆愜意的文字裡，在這些美麗的風景畫面中，是一個母親對
孩子，對家庭，最莊嚴的溫柔心意。

　　即使是人跡稀少的長路，卻有無限好風景。

劉叔慧
作家

▲ 作者序

　　最近在看已進入排版程序的書稿時，常有不真實的感覺。

　　朋友們之前開玩笑地鼓吹說：「你作玩德瘋事業這麼多年，也玩了德國這麼多年，應該要真的開一團正港玩德（國）瘋帶我們去啊！」沒想到，旅遊版的玩德瘋，竟真的先以書籍的樣貌和大家見面了！

　　花了好幾年才全家「慢」遊累積成的遊覽紀錄，最初只是在網站上和親人朋友們分享，沒想過出書，孩子們都上小學後的這幾年，更是因為忙公事家務，連網站上的遊記都沒時間好好更新整理。因緣際會在出版界朋友的鼓勵下，去年一鼓作氣地，把這些遊歷寫完串連了起來，邊整理文字心情與圖片之際，心裡是充滿感動和感謝的，數百頁的圖文，是我們六、七年來的家庭時光中，最寶貝美好的記錄與回憶，如此以出版的型式來珍藏，其對我的意義遠超過成為作家啊！

　　謝謝叔慧，沒有你最初的鼓勵，我大概永遠都只是偶而興起才除草一下的 blogger；感謝木馬文化一圓出版夢，讓這些文字，能與更多的朋友分享；當然最感激的，是我可愛的家人們。40 年前，老爸出版了《綠野遊踪》這本書，記錄的正是帶著老媽，在台灣走遍山林的遊歷，除了遺傳了愛玩基因之外（偷笑），我想我和老爸一樣，最感動感謝的，是身邊一起攜手、願意也樂意與我們走遍各處的家人。

希望跟我一樣期待能家人手牽手，在旅遊過程中一起探掘世界的你，會喜歡這本書！也希望這本書能給躊躇不前的家長們更多希望（笑），帶著孩子出發旅行，真的不是夢喔！

Melon

目 錄

推薦序　德國在台協會新聞暨公關組組長｜麥斯文 ⋯⋯⋯⋯⋯⋯⋯⋯ 2

推薦序　作家｜劉叔慧 ⋯⋯⋯⋯⋯⋯⋯⋯⋯⋯⋯⋯⋯⋯⋯⋯⋯⋯ 4

作者序　Melon ⋯⋯⋯⋯⋯⋯⋯⋯⋯⋯⋯⋯⋯⋯⋯⋯⋯⋯⋯⋯⋯ 6

Part 1　出發之前 Vorbereitung

1. 有了孩子之後，才開始的慢旅行 ⋯⋯⋯⋯⋯⋯⋯⋯⋯⋯ 12

2. 歐洲親子自主遊首選 ⋯⋯⋯⋯⋯⋯⋯⋯⋯⋯⋯⋯⋯⋯⋯ 22

■ 〔**特輯**〕德國一般住宿種類介紹 Unterkünfte ⋯⋯⋯⋯⋯ 38

3. 前進德瑞「金三角入口」⋯⋯⋯⋯⋯⋯⋯⋯⋯⋯⋯⋯⋯ 44

Part 2　黑森林一點都不黑 Schwarzwald

1. 黑森林的入口大學城——弗萊堡 Freiburg ⋯⋯⋯⋯⋯⋯ 60

■ 〔**特輯**〕黑森林暢遊利器 ⋯⋯⋯⋯⋯⋯⋯⋯⋯⋯⋯⋯⋯ 72

　　　Chwarzwald Gaestekarte & Hochschwarzwald card

2. 難得住農場 Ferien auf dem Bauernhof ⋯⋯⋯⋯⋯⋯⋯ 80

3. 森林上的遊樂場：樹冠層之旅 Waldkirch Baumkroneweg ⋯⋯⋯ 90

4. 飛上滑下的史泰因瓦森樂園 Steinwasen Park ⋯⋯⋯⋯ 98

■ 〔**特輯**〕黑森林中的刺激體驗——手控雲霄飛車 ⋯⋯⋯ 106

　　　Hasenhorn Rodelbahn & Gutach

5. 歐洲第一大樂園「歐洲主題樂園」Europa park ⋯⋯⋯ 113

6. 波登湖邊的猴子山 Affenberg am Bodensee ⋯⋯⋯⋯⋯ 123

Part3 走過近一世紀的「阿爾卑斯山之路」*Alpenstrasse*

1. 悲劇國王蓋不完的城堡 Neuschwanstein ················ 134

2. 享受國王湖區的仙境風景 Konigsee ················ 146

■ 〔特輯〕用更好玩的方式長知識：鹽礦樂園 Salzbergwerk ········· 158

3. 可看不可求的楚格峰 Zugespitze ················ 163

4. 漫步在美麗的德奧邊界山脈 Karwendel ················ 171

■ 〔特輯〕孩子們愛極了的施華洛世奇水晶？ Swarovski Kristallwelten ·········· 182

Part4 番外篇｜吃喝玩樂在南德 *Viel Spass!*

樂園篇

1. 媽，是誰把摩比變大了？──摩比樂園！ Playmobil Funpark ·········· 193

2. 樂園有樂高，樂趣更高──樂高樂園 Lego land ················ 197

城市篇

1. 帶你看看不同的慕尼黑 München ················ 202

飲食篇

1. 德國人的最愛？──德國炸豬排 Playmobil Funpark ················ 207

節慶篇

1. 德國在地的歡慶盛典──斯圖加特啤酒節 Volksfest Stuttgart ················ 213

2. 德國主婦的最愛盛事──聖誕節 Weihnachten ················ 218

從台灣出發，帶著孩子一起慢遊世界，我們希望透過到喜愛的地方旅行，而讓全家一起有更長的相處時間、更多不同面向的生活體驗與留下成長回憶的方式；而德國，是我們在眾多國家中，始終念念不忘並且一去再去，隨著孩子年齡漸長，依舊每回都會有新發現、新感動的地方。

出發之前

Vorbereitung

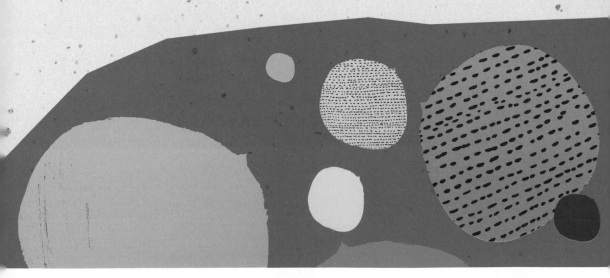

PART

1

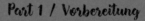

1

有了孩子之後，
才開始的慢旅行

從單身、結婚，到兩個孩子陸續出世，即使生活再忙，心裡對「旅行」的
那一份渴望始終不斷呼喚著我：「揹起背包！」「我們再一起去流浪！」
好幾次上一秒想踢開生活中所有的繁忙煩躁，直接刷下機票出走，但
下一秒理智又將我拉回現實，「到底我什麼時候才能再度擺脫瑣碎的
日常，自由自在的旅行啊！？」我的心裡不斷吶喊……。

　　當了媽媽之後，我不是沒有肖想過，趁著孩子學齡前能再次像婚前一樣單飛，自己一個人背著愛包，到異國城市享受流浪漫遊的感覺；也不是沒有偷偷羨慕過那些找得到親友照顧幼子，夫妻倆人手牽手出去 N 度蜜月，玩個幾天幾夜再回家的甜蜜。所以每當聽到身邊有人能夠如此自在地放下手邊事出國流浪時，心裡總是五味雜陳，一方面羨慕他人找得到可信賴的照顧者，有機會自由個幾天幾夜，一方面又因為想到孩子若懂事，應該心裡會有點不是滋味吧而愧疚……。

　　但自從兩個孩子進入小學，生活自理漸漸不需擔心、我也因工作有了幾次單飛的經驗後，我發現雖然仍舊能在旅途中、聲色刺激的當下享受樂趣，但感受中總似乎少了一份安適安心，少了

一份應該更令人雀躍的興奮，也少了我想念的笑臉映襯。或許因為我們夫妻倆從孩子出生後就一直帶著他們旅行，從來沒有分開過，所以在大女兒2歲，越來越像個進化過的人類後，我也慢慢開始了解，不管孩子多大，旅行要帶著孩子一起的意義。

記憶，會比想像中深刻

很多人會說，帶年幼的孩子去旅行，他們根本不會記得旅程中的點滴，而且容易生病大人也麻煩，所以不用帶他們出去玩。這些說法部分是有道理的，我們的確也遇過孩子中途發燒起玫瑰疹，立刻改行程回家的經驗；但當7歲的兒子突然言之鑿鑿地說出自己3歲時，他去了哪個樂園出了什麼事時，我真的也嚇了一跳，或許我們以為孩子記不住的事情，早已不知不覺深刻烙印在孩子心中，化作不知名的種子！

每對父母愛小孩的方式都不一樣，而且差異性可以大到分處兩極，這是我在這幾年間的觀察心得。而在自己育兒數年之後，我也才終於能不跟其他家庭比較、不用外在的評價任意評斷我與孩子相處的方式，並且能夠很坦然地說：「孩子出生後不管到哪裡旅行，都帶著他們一起，就是我們家『愛』的終極形式。」

因為，我們體會到只有在帶著孩子一起出門旅行時，以下幾點親子間的互動才會成立：

● 全家在一起相處的時間，真的是一天24小時（平常工作日上課日相處的時間，一天有沒有3小時？），孩子真的能完全

　　地擁有父母（若不是放假仍一人一台手機或平板在手上的話）。

●旅行中父母對孩子的關注和觀察，絕對會比在家裡還要密集專注百倍（當然，耐心也要加上百倍啊）！週末就算整天宅在家，爸媽還是會忍不住去做做自己的事或忙家事；旅行時，唯一要忙的只有和小孩玩和注意旅行中的環境，沒有電視保母可以雇或其他幫手。

●父母中尤其是爸爸，才會完全沒有藉口地，能夠全心全意和孩子相處，並且能真正了解老婆（尤其是全職媽媽）平常的抱怨所謂何來（老婆的復仇，哈）！

　　孩子不管年齡多大，都想得到父母完全的注意，從這樣的關注中肯定自己得到的愛。女兒兩三歲時幼稚園放學，我去接她時如果跟老師多聊幾句，已經自己穿好鞋牽著我的手站在旁邊等待的她，會很不高興地一直叫：「你不要說話！不可以！」聽到她這樣說，我並不生氣（雖然會跟她說這樣不禮貌），因為我知道她盼了好久，看到我好開心，想要我完全只屬於她，這種熱切的渴望叫我心疼，就像我也會期待老公回家後不要用背影跟我說話一樣，這種佔有慾，只要有愛都會存在。

　　可以確定的是，只有我們一家子單獨出門旅行時，孩子們真的是從頭到尾，從白天到黑夜，從媽媽的腳趾管到爸爸的鬍渣，完完全全地擁有父母，我們可以感受到他們特別開心（high 到像瘋子），特別愛耍脾氣（在學校沒有爸媽可以靠，要獨立要堅強啊），他們對爸媽的依附更強，因為特別安心，所以特別容易表達他們的想法（這是講好聽的，其實就是特別的多話）。尤其以前幼兒期旅行回來之後，女兒幾乎每天早上都要上演因為看不到爸爸而難過的戲碼：

「爸爸咧？」

「爸爸去上班了！（哭調仔）」

「我想爸爸，我還沒有抱抱他！」

就連放學回家也一樣，爸爸對她來說，不再只是每天晚上替她洗澡說故事睡覺，相處不到一小時（有時候是完全沒看到這個人就去睡了）的人物，而是一個存在感十足的依靠，搞得我都不知道要吃哪一邊的醋才好。

有「捨」才會有得

但若要讓旅行成為全家人都能沒有額外壓力的長時間相處，並在其中加深情感和親子依附的連結，在行程規劃上要能「捨得」。我喜歡以「沒有時間壓力」、「質勝於量」的考量，安排親子慢遊的目的地和行程。

孩子還年幼時，我們從亞洲旅遊開始，大都以一個定點住宿來規劃周邊行程，接下來的南德旅遊，最初也盡量以定點作為停留基地、深入慢慢玩周邊一小時內的景點，即使到孩子都上小學了，也維持一次十幾天最多換三個住宿點的方式計劃。

這樣「慢遊」可能過去比較難被家長接受的原因是，一般人往往去一趟歐洲，可以在十天內玩三、五個國家和數不清的著名景

農場裡養的兔子

點，但我們卻可能花了好幾趟的時間，玩同一個國家，甚至同一個區域（但人客啊，這也表示本書的內容，是真的花了好幾年才體驗完成的結晶呢！）。

　　我們家的南德旅行，大部分以黑森林為起點，某個農場或公寓作基地，每天只簡單計劃去一個地方，多的時間可以回住處玩，或是隨處逛逛走走，晚餐再全家人一起去超市買食材回家料理。每一次回黑森林，我們都會盡量安排探索一些新景點，當然也有孩子指定要一再回味的地點。若是要前進到別的區域（巴伐利亞或回法蘭克福機場的方向），我們最多只會用一到兩天的時間，長途開車到下一個目的地區域。在這一天裡，也會盡量把原本較長的交通時間分段，中間安排一個景點小作停留，總之，讓最長的坐車時間不超過 2~3 小時，這大概是我計劃親子行程的原則，按照這樣的原則安排，大人小孩都愉快。

交通方式上，則是以租車自駕搭配火車的方式進行，比較適合親子（尤其是帶著學齡前幼兒）出國旅遊。雖然跟旅行團所有行程都有人打理安排，交通也都有遊覽巴士銜接，不過通常跟旅行團，每晚的住宿會因為要配合不同目的地的參觀，而不斷換住宿，也會因為要在短時間內加入許多著名景點，花去較長的交通時間。每天拆行李、包行李、長時間坐車，大人小孩都累啊！若是自由行，規劃可以視全家人的狀況而定，雖然有時一趟旅遊中也會包含幾個距離較長的景點，但可以自己安排交通和聯絡各住宿，雖然心理上會有些許的緊張感，但全家人在一起用自己的步調前進、達成目標的成就感相對也會非常大哦！

用旅行為親子關係加溫

回想這十年來親子旅行中，通常令全家印象最深刻的，都不是有名的建築或風景本身，而是全家人一起在美景前，放輕鬆「生活」的畫面。像是將日常週末搬到另一個國度，有點新鮮興奮、但又不必時時緊繃的感覺，每晚也都有熟悉的生活作息（回家晚餐、梳洗、上床睡覺）。一家人好幾天都 24 小時黏在一起，這樣的慢遊規劃，是我們一直以來親子遊不變的親情加溫祕方哦！

難得有較長的假期、難得去歐洲、難得全家人能每天從早到晚相處，如果在旅程中仍能在每天回到住宿地點後，保有回家的感覺，對孩子來說不僅是不可或缺的安定感，對大人來說，也會有真正放假充了電的效果。

年輕時一個人，每到一個新城市，便急忙放下拆也沒拆的行李

箱，往外搶時間探索新世界，旅館飯店只是睡覺休息的地方，到真正回了國躺上自己的床，才覺得「啊～～可以好好休息了！」但是親子旅行很多時候，尤其是帶著幼兒稚女的時期，我發現這些「寶貴時間」都不是家長能決定和控制的。有時他們就是需要停下來隨便亂玩（玩地上的石子草花，什麼都好），不管你要去看什麼教堂古蹟；有時他們就是時間到了要小睡片刻，不管你多想進到有聲光刺激人聲的場所；而更多時候，他們在白天大量的遊戲與奔波後，不管你原本還想去什麼特別的美食餐廳吃飯，最後都只想回到那個有床，像是有回家感覺的飯店房裡！

　　一開始我常會被孩子不按牌理出牌的節奏打亂，尤其是計劃中的目的地可能就在他們「慢慢玩」之下被迫取消時，真是會揪心肝！但是回到最初計劃全家旅行的原點，想一想真正在意的是什麼，全家出遊真正期待的是什麼，這個答案，在回家後整理照片時常有很深的體會與反省。全家最開懷燦爛的笑臉，通常都不是在著名景點前排排站的觀光客式打卡照啊！更多的感動，反而是在和孩子們回憶旅行片段時，他們連兩三年前在民宿裡，我們煮了什麼樣的晚餐內容都記得一清二楚呢！這樣的感動，是無法計劃出來的。

旅行團 V.S 自助行優缺比較

	旅行團	自助行
行程安排	由旅行團安排,可能必須在短時間內跑非常多景點。較不彈性。	可以隨自己的喜好與節奏安排,較易作深度旅遊。較彈性。
交通	遊覽車居多,目前也有許多精緻火車旅行的選擇。	選擇多,可依乘客數、目的地以及自身喜好作選擇。
住宿	2~3天或更短的天數就換一次旅館,無法體驗當地人家的住宿,須視團費由旅行社決定,有時離城市很遠。	可依行程逗留較長天數,但必須自己上網做功課,找尋住宿地點,住宿的選擇種類較多也較符合要求。
心情	不須自己安排行程或注意交通時間,心理負擔較輕鬆,但拉車時間長且對於特別喜愛的景點無法多作停留。	對於突發狀況及交通行程安排須隨時注意,但可隨喜好隨時更改時間與行程,較自由自在。

貼心
小叮嚀
TIPS

德國除了較有規模的飯店外,大部分的渡假公寓和民宿旅館都是沒有電梯的,而且通常會把家庭房安排在最頂樓,如果每一兩天換住宿,行李扛上扛下數次,大家得先練一下體能才不會吃不消啊!

外出旅遊時,雖然孩子可能具備大人想像不到的韌性,每天跟爸媽一起拼不同地區的景點天天換住宿都撐得住,但在放假離家出去玩時,其實有正常的作息,比放縱地或硬撐地利用一整天時間玩個夠,更容易在假期結束時有「放假的感覺」喔!

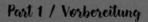

2

歐洲親子
自主遊首選

許多人對德國人都有「正經八百、嚴謹又嚴肅、一點都不浪漫」的既定
印象，進而相較之下對去「德國旅遊」似乎少了一點去巴黎的浪漫、去
西班牙的瘋狂等等吸引人的想像⋯⋯，但是！我身邊凡是去過德國旅
遊的朋友，回來可是每個都讚不絕口，一次就愛上！

盡情在路上奔跑的孩子

　　身邊大部分的朋友若是想要帶著孩子嘗試自助旅行，亞洲尤其
日本幾乎一定是大家的共同選擇，不管是在食物風土語言文化及
各種資訊上，都不愁有違和感，我們家也是幾乎年年遊日本，快
閃個東京四天吃吃走走都開心。

　　但如果說到很多人嚮往的歐洲，不要說帶著孩子了，連大人
想要自由行可能都要猶豫個半天，一來飛行時間長，不去玩個十
天以上對不起機票錢，再來語言和生活飲食習慣好像都是問題，
如果再帶著孩子豈不問題更多？來來來，先不提地點本身的風景
人文魅力，來看看同為邪惡軸心國的德國（呃，立刻被發現是 6
年級生），尤其是南德地區，為什麼會成為我們一家四口親子旅
行首選，玩不膩又瘋不停的理由！

家長瘋什麼

●安心玩，才能好好玩 ·····································

帶幼童出門，爸媽最掛心的應該就是安全和衛生問題了。

一般人對德國人的刻板印象，不外乎一絲不苟、嚴肅、無趣、太有秩序，但自從十年前曾長住南德一年，實際經歷各種生活面後，我對於這樣的刻板印象特質並無法完全同意，不過在安全和衛生這兩項令幼兒家長在意的條件上，比起其他拉丁語系的國家如法國、西班牙，和義大利，德國人這些「不討喜」的特質確實讓我們的德國親子旅行放心許多。當然，也和我們選擇的旅遊地點都不是大城市又不常見有關（有啦，還是有台灣人的啦，沒到一個都沒有的地步 XD）。

像是去歐洲，大家最愛朝聖的各城鎮古老教堂，就是上述感受
最深刻的差異所在。在法國或義大利的教堂周邊，環境可能較
髒亂不提，更常有許多吉普賽人在周圍乞討，雖然大部分沒有
什麼威脅性，但趁前方乞憐後方扒錢包的例子也時有耳聞。我
們夫妻兩人到法國南部旅行時，光是碰到吉普賽婦女抱著小孩
還強拉老公肩膀，扒著索錢的經驗，就很擾亂心神了，若是帶
著孩子遇上這樣的情況要脫身，想來就有點掃興啊！

當然德國並不是沒有路邊討錢的遊民，在德國南部的城市裡
常見一群年輕遊民穿著黑皮衣，多半還帶著大狗，坐在街邊，
有些放了帽子討錢，有些就只是佔著街邊擺酷，除此之外也有
一些個體戶，靜靜坐在店門邊討小錢。印象最深刻的是一位帶
著眼鏡穿著斯文的男子，身前放著一個小盒和一塊紙板上寫著
"Nur zum Essen(只為飽食)"，不擾人也不乞憐的就這麼坐

一天，隔天仍乾乾淨淨出現，像是來上班似的，只差店家門口沒裝個打卡機給他！

我心裡一直存在的疑問是，他們大多看起來雖稱不上體面但倒也乾淨，像每天都梳洗過才上街的樣子，或許連不同國家的遊民也都帶著特別的文化氣質？（但或許在台灣會有另一種批評：「好手好腳出來要什麼錢」）總之，比起會主動來近身接觸的吉普賽女人小孩，在德國小城街上帶著孩子散步，感覺是心神輕鬆許多。這十年間從帶著 14 個月大的女兒回黑森林，接著她兩歲遊柏林，一直到這幾年每年帶兩小玩德國（及奧瑞德語區），也很幸運地尚無憾事。

而對於 2015 年中德國大學收留難民之後，陸續耳聞的社會安全事件，我們也一直持續在關注。其實當新聞最熱烈報導難民火車駛入慕尼黑的那一天，我們全家正在慕尼黑動物園遊玩呢！詢問德國朋友的感覺，大部分倒是較以平常心處之，不過若是在這方面有特別顧慮，照著本書的冷門路線（誤）走，少去大城市市中心，並且盡量不走夜生活路線（即商店八點關門後，不要在市中心或酒吧舞廳逗留），其實在南德還是可以安心全家旅行的！

●沒有星級也住得開心 ···

再來是吃住 CP 值。全家出遊歐洲，光機票交通費就佔了大半預算，所以吃住當然希望住得舒適又不用花大錢一家子擠小床，吃得好又吃得飽囉！

綜合這些年探索不同區的飯店、民宿、公寓及農場住宿的經驗，我必須説以這四種常見住宿選擇來説，飯店是我最後才會考慮的選擇！

因為和其他歐洲國家比起來，不論幾顆星級，德國的住宿房間通常都算很乾淨整齊，大床通常由兩張單人床拼成也不致於太小（但中間若要卡個小孩睡，要小心兩床縫間的不適，孩子還小同床時，我會多墊些被子在中間），也有許多一家三口以上的房間選擇。而且，一般民宿或餐廳的額外客房，即便沒有星星加持，仍是非常舒適，住宿價格也比有星級的飯店可親，大城市裡或熱門景點附近的飯店價錢之高就更不用説了。

另外在法德義瑞等地旅行的經驗中，大概和不同國家人種的身材有關，同樣是平價旅館，洗澡浴室德國能迴轉的空間比較大些。我們曾經在法國尼斯住了間三星級，但永難忘懷的旅店：踏入房間的地毯是黏黏的，淋浴時因為空間非常小，浴簾從頭到尾是一直貼在背上的……（讓我不禁傷心的想到，難道我真

的比法國女人胖那麼多嗎？），一晚的雙人房還要 80 歐元！那次南法旅行一週後回到德國小城，房東歡迎我們回家並笑笑地說，有想念德語區嗎？雖不用豪華富麗，但乾淨整齊是一種習慣和生活態度，還有的是德國人自我要求及自尊的表現吧。

至於吃的部分，若是住宿處有早餐提供，南德 style 的歐陸式 buffet 有麵包及各式冷火腿起司，果醬奶油等選擇，牛奶果汁咖啡和給小孩的可可一應俱全。而一般餐廳的一人份餐點分量，通常菜一上桌大家就眼睛瞪大傻眼了，孩子還小時，我們大概點兩人餐就非常飽足，頂多加份薯條或沙拉，因為還要留空間給好喝的德國啤酒啊！關於吃，更多的經驗談就留在後面介紹吧！

● **血拼時小孩有得玩，退稅很有感**

相信有了小孩後，很多爸媽只有在上班時或孩子入睡後才能慢慢在網路上 shopping。逛賣場時帶著孩子，就算是要逛孩子的用品，孩子要嘛沒有耐心一直吵著很無聊要走，要嘛就是太有興趣什麼都想要。

在德國的商場中，小至 dm 這樣的生活藥妝店、連鎖鞋店 Deichmann、平價成衣店 C&A，大至百貨公司，常可以在兒童用品的區域旁或同一樓層看到兒童娛樂專區。可能是有可愛座位數個、簡單播放卡通的電視區，可能是一隻搖搖木馬，有時也會看到爬高和溜滑梯的大型設施，讓家長在一旁選購血拼時，可以轉個頭就瞄到孩子，孩子也不會無聊（至少是一陣

藥妝店母嬰區   百貨公司兒童書區

子啦,總比只有三分鐘好),這真是貼心極了,對大人對小孩
來說都是。

說到血拼,當然不能不提可觀的退稅!這也是我的個人網站上
人氣最高的文章,因為分享了十年前和十年後的退稅經驗和流
程,被誤以為是像某種討論版上的「退稅大大」,真是始料未
及的事!大家到德國都會忍不住想帶德國有名的廚具、玩具、
行李箱和家用品回台,且德國的消費稅高達 19%,如果不怕
麻煩並且選擇特定願意全額退稅的商家,出境後可領回全數稅
額是很可觀的一筆啊(但必須商家能配合退款至信用卡,或是
個人有歐洲的帳戶可以接受轉帳,不然就是一年內有人可以回
到原店幫忙領現金)!

就算到百貨公司利用 Global Blue 這種民營退稅公司的服務
(可以整間不同樓層買透透再一次到服務櫃台辦理,省麻煩但
須扣手續費),也可以在出境時,在機場相關櫃台直接領回約
10% 的稅額現金,買多一樣非常有感!更何況很多德國名品
的價格(如大家都愛買的壓力鍋,刀具及 Rimowa 行李箱),
在德國當地的原價與台灣進口相比已經便宜很多,幸運時遇

上折扣，再加上可退稅的金額，不買到得新添購一個行李箱來裝，還真可惜了機票錢嘛！

旅行
——
便利貼

TRAVEL
NOTE

根據多年退稅經驗，遵守以下三個叮嚀，會讓在機場退稅時非常順利暢通。

叮嚀一：務必在抵達機場前，就把所有退稅單據上該填的個人資料填好，海關官員最不喜歡臨時到了櫃枱前才在問怎麼填或一大堆都沒填的！

叮嚀二：帶著年幼的小孩是最佳利器！德國海關對於幼兒都很友善，因此我們每年都是非常乖地填好、整理好單據後，一手抱著小孩，一手拿著退稅單到櫃台，孩子衝著官員笑，再加句 "Guten Tag!"（日安／你好），十年來我從來沒有被開箱驗過退稅行李，一大疊退稅單都是立刻碰一碰一碰在眼前蓋好（但其他旅客，尤其是單子沒填好的很常被驗行李）。

叮嚀三：另一種常被用嚴格標準檢查的，就是某些特定國家的旅行團，若到了機場準備退稅時，發現有旅行團在附近，請盡量趕在他們之前，或是離他們遠些，隔一陣子再去退稅。

小孩瘋什麼

●攀爬是遊樂的義務 ⋯⋯⋯⋯⋯⋯⋯⋯⋯⋯⋯⋯⋯⋯⋯⋯⋯⋯⋯

對年幼的孩子來說，旅行中印象最深刻的永遠是樂園或遊樂場，很少會是教堂、古蹟或壯麗的風景。學齡前時期，德國城鎮各處的小公園（好吧，跟台灣城市中比起來其實並不小），通常有沙坑有鞦韆的遊樂場就足以讓他們放電、在長時間揹或坐推車後活動筋骨了。若是帶學齡期的孩子到德國，處處皆有可以爬來爬去的樂園，則是讓台灣公嬤心慌慌，但小孩玩到笑嗨嗨！（在台灣遇上多次，小孩連走上公園土壤相接，約10公分高的水泥邊，都會有阿嬤熱心叫危險快下來。）

雖然法國有迪士尼，德國沒有，但是南德的樂園們，卻是我家玩東京迪士尼三次以上的兩個小孩，蓋章掛保證比迪士尼還好玩的地方！當排隊不是玩樂園的主要活動，而是孩子「自己」可以盡情的活動四肢，參與遊戲，並且「自己」操控遊樂器材，的樂趣，是只能在排隊後坐乘，歡樂幾分鐘所無法比擬的。

不管是在大自然或是著名的模型樂園內，許多遊樂設施都是需要孩子手腳並用，才能穿越或爬上的，而攀爬及征服的慾望似乎隨時都潛伏在孩子肢體裡。看到那麼多德國孩子開心地爬，並且在設施設計上充滿了童趣的引導，地面上也有保護措施，就算是再放不開的小孩都會忍不住想要，爬，爬，爬！

●計己玩（自己玩）！ ··

兩、三歲以後，最常聽見孩子用不甚標準的「糙泥呆」聲調説：我要計己弄，計己玩，計己！

在德國旅行的各個小地方或樂園中，可以深刻感受到德國人對孩子的尊重和看重。高速公路加油站的公共廁所，大人的入口要投幣進入，小小孩則在一旁有個較矮的小門讓他們自由進出（卻不是從大人的入口低頭鑽進去，像偷溜似的）。歐洲主題樂園（Europa Park）中的兒童世界區，有許多三、四歲孩子就可以「計己」坐又安全的遊樂設施，包括在水中的小船（也備有迷你救生衣，規定穿上），這當然是剛好符合孩子身型大小的設計，才能讓家長放心囉，而且保證大人也絕對擠不進去，哈！而像是著名的摩比樂園和樂高樂園，更是有許多小小孩就能自己坐或自己操控的車子和船，但若是有年齡身高限制的設施，守門員們也不會輕易寬怠，畢竟這碰觸到德國人最敏感的「安全」神經，就算不符合限制的小孩大哭大鬧説要「計己玩」，最後也無法硬拗都是要遵守規則的哦！

我對這些設計上的體驗感想是，年幼的孩子很多事想自己來，是最原始最自然的學習欲望，最重要的不是因為爸媽怕危險而限制這個不行那個不行，倒是應該創造安全和有秩序的環境、適合讓他們「自己來」的環境，當他們發現被賦予信任時，往往態度會比限制他們不行而亂搞一通還要慎重許多呢！

●孩童友善來自個體尊重 ·······································

從老大一歲多開始在德國旅行的經驗中,孩子(特別是學齡前幼子)就像是我們在異鄉的一張友善通行證,人們看到孩子總是特別友善,很多場所也特別因為孩子而得以快速入場,更別說各種店家,連停車場收費的收銀機旁,似乎總是備有一籃甜嘴的糖,只要看到幼童跟著結帳,立刻來幾位給幾顆。

印象最深的一次是在法蘭克福機場,我們正在書報零食攤買雜誌,快兩歲的女兒看到一堆陳列的健達出奇蛋,蹲在旁邊看的出神,忽然一位已過中年的德國女士走過來遞給我一枚兩歐元,請我替女兒買一顆健達出奇蛋,我驚訝地來不及反應,她沒有特別去告訴女兒也沒有去摸她頭撫她臉,就笑笑轉身離開了,這兩歐元握在手中,心暖的感覺可比 100 塊台幣零錢還沈甸甸啊。

但即使孩子再可愛,德國人認為他們也是獨立值得尊重的個體,所以帶著孩子在德國散步走動,會有行人特別微笑關注,

或禮貌注視著孩子說話，但從未有陌生人直接出手「關愛」孩子們。不過從一歲前的嬰兒時期，到三、四歲正可愛的幼兒期，在台灣我和孩子卻常被熱情的路人嚇到，走過去捏一把臉的，大力摸頭的，別說是跟孩子打聲招呼才動手了，就連對在一旁的家長我打招呼都覺得沒有必要的樣子，這對大部分德國人來說，是屬於很不禮貌的行為哦！

除了以上這些令孩子興奮的設計和氛圍之外，還有一點是很棒的，卻又是最基本的享受：自在安全的行走。

女兒第一次到德國，是剛學會走路後的一個月左右，在台灣不管是人行道或是巷弄裡，要讓她放手在街上走，安全上有很多顧慮，但那年秋天她在弗萊堡 (Freiburg) 城裡，別說走了，因為車少人也不多，她簡直是開心到跑了起來。而這之後，即使到更大的城市像是慕尼黑旅行，在城裡行走散步都是一種享受，尤其是在觀光景點聚集的老城區（德國各城鎮的中心通常為老城區 Alt Stadt），一般都是只有公共交通工具如街車能夠通行的，行人可以更自在安全地在其中行走。許多區域也常劃有行人徒步專區，孩子看著前方沒有安全顧慮的人行道和景觀，往前跑的背影散發出的雀躍，誰都感覺得到。

這些是這十年間，家裡大人小孩在德國慢遊的觀察和經驗，因為玩很慢，所以也玩了這麼多年還不膩，不敢說是專家，但任何朋友來問我，帶著孩子，尤其是幼兒想去歐洲自由行，南德絕對是我最誠心的首選建議！

親子
觀察站

PARENTS'
THOUGHTS

尊重孩子是獨立個體的體貼，在德國許多公共場所，也有具體呈現。

在乘坐快速列車 IC／ICE 時，會有車長先生／小姐在車廂內驗票，但幼童是不需要買票的，為了讓沒有票的孩子，在驗票過程中也覺得自己是一個正式乘客，德國國鐵還有一張小朋友專屬乘車證，在驗票時，列車長會發給小乘客，孩子拿到這張特別可愛的車票可是眼睛都亮了，走路有風呢！

同樣的情形也發生在參觀柏林的國會大廈時，我們因為帶著兩歲多的女兒，推車得以從另一個無障礙入口進入（當時因此快速許多不用大排長龍買票，但現在最新的辦法是，參觀都要先線上預約），並且小朋友都會得到一個德國國徽的小別針！

而小朋友往往會因為自己獲得了和大人一樣的車票、勳章，所以不自覺的成熟乖巧了起來！流露出小大人的可愛模樣喔！

Special Feature

德國一般住宿

種類介紹

Unterkünfte

對於許多旅人，尤其爸爸媽媽來說，住得安心、住得安全以外，若還能讓孩子住得開心，那絕對是吸引人入住的一大誘因！在德國通常會有幾種不同住宿方式可以選擇，更有在台灣比較少見的農場住宿，湖光山色與可愛的動物圍繞，絕對會讓一家大小流連忘返。

落腳德國

帶著孩子前往德國，一般我們有幾種住宿方式可以選擇：

● 飯店（Hotel） ···

要前往著名的觀光景點和城市，可以在網路上或透過旅行社的方式訂房，這種方式能直接確認訂房的通常是飯店。但飯店通常位於市（城）中心附近，較為吵鬧，房間較小，也較容易有大型旅行團入住，住宿和早餐品質不見得好。

若是要我選飯店作為親子遊的落腳處，通常最有可能的原因都是為了冷氣，哈！因為德國通常要到某個等級上的飯店才會有冷氣，（五星級以上才有可能，但也不是每間房都有，因為德國較少 30 幾度高溫，有的話晚上也都在 30 度以下並不很熱，但房間保證一定都有暖氣）。南德的夏天若是正好遇上熱浪，又要住在城中，沒有冷氣的住宿又怕街上吵鬧不便開窗，夜間的悶熱也是會令人睡不著的哦！

但若是避開盛夏遊德國，基本上都不需冷氣伺候，而秋冬初春之時，所有住宿也都會配有暖氣。

弗萊堡城中心人潮多　　　　　　清靜的鄉間旅館

旅館客房（Pension）

旅館客房規模比飯店小，房間總數多在二十間房以內，常備有早餐的住宿選擇，B&B 或 Gästehaus（通常是以餐廳為主體，兼營住宿，如下文所述）我也會歸為同一類。

旅館也有提供每天的清掃服務，最常見的就是以餐廳為主發展出的客房住宿服務，通常由一個家族一起經營，感覺較為親切。若是停留時間大概在一晚或兩晚時，旅館客房會是非常不錯的選擇，在用餐上不必額外傷腦筋，早餐豐盛晚餐美味（但晚餐是選用額外付費的）。

我們家兩個小孩很喜歡「回旅館吃晚餐」，只要是在住房時一進旅館就看得見餐廳，他們玩了一天後就只想回到住房樓下用餐，而通常這也是一天中最美味的一餐，個人經驗裡通常旅館的早餐比大飯店還要豐盛哦！

● 渡假公寓（Ferienwohunung） ....

隨著慢遊的概念崛起，越來越多旅客在自由行時會考慮在城市
裡找日租公寓住。德國各地都有不少渡假公寓選擇，不只大城
市，南德的小鎮鄉村及觀光景點附近，也有非常多的渡假公
寓。

一般來說，屋主大多會希望是三到七天以上的住客，不提供天
天打掃換床單毛巾的服務，但空間至少有一房一廳。沒有附早
餐，但有廚房冰箱和餐桌，可以帶回外食或自行烹飪。帶著孩
子住渡假公寓大概是最舒服的型式，床位和活動空間都較大，
有一些公寓還是很有味道的老房子呢！

我們曾在德國弗萊堡暫居一年，所以找了有附家具的渡假公
寓，如此能比較快適應入住，離開時也不用煩惱處理家具的問
題。房東夫婦年過六十，但房子及其中的家具歷史還更久遠，
不僅有附鑰匙的百年衣櫃，還有濃濃歐陸味的水晶燈。房東住
的一、二樓前還有一個小花園，並提供地下室的洗衣機讓我們
使用。這樣的住宿很適合以城鎮為據點，會長住四、五天以上
的旅客，可以慢慢遊覽附近區域，每天都會有回家的感覺。

● 農場（Bauernhof） ....

農場假期（Ferien auf dem Bauernhof），在搜尋德國旅
遊資料時是很常見的選擇。住宿的型式和渡假公寓很像，是一
個家庭自己一間公寓式的房間（或一棟房子），有客廳、餐廳、

廚房，一到兩間的臥室，就在農夫家中（但與農夫的家庭活動空間完全是互不相擾的）或相連的屋舍裡。四周就是農場，有時候樓下鄰居可能是動物們，視農場的規模而定。

住農場通常也表示住在山裡或離開城鎮區，需要開車自行前往或聯絡農場主人接送。大自然中空氣好視野優，更棒的是對孩子來說，農場通常養了小動物或家畜，一些農場主人也會特別帶孩子體驗農場的生活，撿雞蛋，餵牛羊，如果運氣好，訂得到有馬兒的農場，還可以有幫忙刷馬背、騎馬體驗呢！小小的遊樂場滑梯和沙坑也是友善兒童的基本配備。而對大人來說，農場附近通常也有不少田野步道可以散步，在黑森林區更能登高健行，除了補給日常用品外（許多農場也提供代購服務），許多德國在地遊客幾乎是整天都待在農場裡渡假，沒再出去趴趴走的，而且一住就是一星期以上。

在價格上，農場的住宿一週，有時候才剛好是大城市高級飯店一晚的價格，親子旅行若是不想每一兩晚就換房間，且有租車自駕的話，農場真的是最舒服又便宜的選擇（不誇張地喜歡到另寫專文細述），呃，前提是如果訂得到的話，喜歡計劃和秩序感的德國人，常在今年假期結束時就訂好明年再訪了啊！尤

其是寒暑假的時間，半年前預訂都不算早。更多關於農場住宿的介紹，請見 P.41。

以上四種住宿的價格普遍來說，正好由高到低，雖然說服務內容也是由多到少，但當考慮親子全家出遊的便利與舒適性，還有滿足親子共同需求的條件時，我覺得正好是倒過來的優先順序哦！當然如果是安排十天六大城想一次看很多知名城鎮的行程，後兩者就不見得合適了。

旅行
便利貼

TRAVEL
NOTE

上述住宿種類都可以在 Booking.com 裡查得到，各德國各觀光城市的官方網站，也會有各類選擇的住宿可供查詢。

提醒有意想嘗試渡假公寓或農場住宿的朋友，一般德國人習慣在離開時將公寓恢復成原來的狀態，雖說渡假時大家都想能輕鬆不用整理打掃、盡情享樂，但盡量將公寓還原至讓公寓或農場主人看了不會「倒抽一口氣」的狀態，也是一種良好的國民外交和對主人的尊重，全家出遊時更是對孩子們的最佳旅人示範，孩子們的模仿能力可是非常強的，潛移默化中，好的習慣也會不知不覺學會！

不需要專業鋪床或是花很多時間打掃，但至少將垃圾處理好（一般在入住時，主人都會稍微說明怎麼丟垃圾，如果沒有也可以主動詢問，都會有一個收集垃圾的地方，並且要記得按分類作整理），在離開前拿到指定的地方分類放好，如果有用到餐具鍋具，也記得清理完再離開哦！

3

前進德瑞
「金三角入口」

去歐洲自助旅行，許多人第一個考量到的，也常常令人對自助旅行卻步的就是交通問題！其實在德國趴趴走，除了飛機之外，德國國鐵是相當便利，且能在出發前就先在網站買好車票訂好位子的一種選擇，當然若是要全家人按照自己的步調來走，開車自駕也是一種好方式，並且一點也不困難喔！

　以南德及瑞士、奧地利邊界為主要旅遊路線及目標時，交通方面，可以配合本書內容所介紹的景點，在此也一併分享一下我們家較推薦的路線安排，及曾經體驗過的走法，時間上從七天到十四天（含飛行）不等，純粹看有多「捨得」來作規劃囉！

　從台灣飛到德國，通常有三個機場適合作為規劃南德旅遊的金三角出入口：德國法蘭克福機場 (FRA)、德國慕尼黑機場 (MUC)，以及瑞士蘇黎世機場 (ZRH)。

利用三座機場，可選擇不同點進出，或同點進出的方式規劃行程：

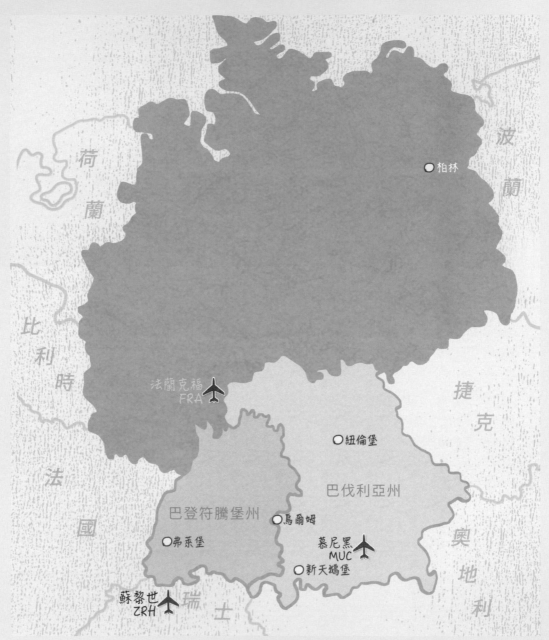

荷蘭

波蘭

○柏林

比利時

捷克

法蘭克福
FRA ✈

○紐倫堡

巴伐利亞州

奧地利

巴登符騰堡州

○烏爾姆

慕尼黑
MUC ✈

○弗萊堡

○新天鵝堡

蘇黎世
ZRH ✈ 瑞士

法國

女兒從小跟著我們往返南德多次，透過繪畫的方式記錄下本書
「南黑森林」和「阿爾卑斯山」兩大路線圖！

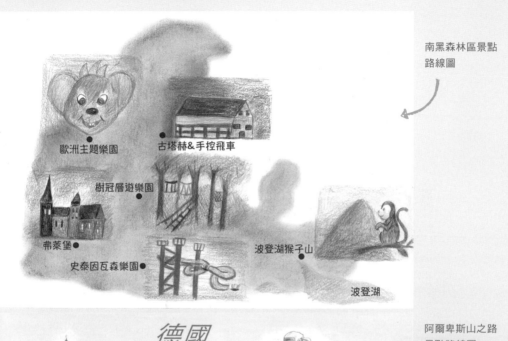

南黑森林區景點
路線圖

歐洲主題樂園

古塔赫&手控飛車

樹冠層遊樂園

弗萊堡●

史泰因瓦森樂園●

波登湖猴子山

波登湖

阿爾卑斯山之路
景點路線圖

德國

慕尼黑●

Oktoberfest

國王湖

新天鵝堡●

楚格峰●

Karwendel
山脈區

施華洛奇水晶世界

奧地利

若以我們最喜歡的由西南到東南的路線，也就是從黑森林玩到巴伐利亞的方式安排行程，那麼從蘇黎世機場進入，在機場租車開往黑森林區所在的德國西南部，在 90 分鐘內即可抵達，並且高速公路較為順暢，會是最省交通時間的方法！比從德國法蘭克福機場開車往德國西南較節省時間 (需要 2 小時以上)。

　　若從法蘭克福機場坐特快火車前往黑森林區的大站弗萊堡則更快，不用轉車的直達班次可在一個半小時左右抵達。接著從黑森林一路玩到巴伐利亞州，正好可從慕尼黑機場離開德國。慕尼黑機場比法蘭克福機場小，出境時旅客較少，航站內的空間距離不需走太久等太久，這也是我們偏好西進東出，而不是反過來走的原因之一。

　　若是租車，也可選擇不同機場進出。比如，從蘇黎世機場或法蘭克福機場進入取車，慕尼黑機場還車，唯一較惱人的只有不同點借還車需要多一些費用。若考量到帶著年幼的孩子，直接在機場取車還車，會是對家長最為省力的方式，並且在飛機上睡不好的小孩，通常在機場取了車一上路後就開始補眠了，正好也是適合作較長距離移動開車的時間點 (但對也沒睡好的可憐駕駛就有點辛苦了……）。

　　雖然德國火車交通非常發達、銜接也很方便，但若行李較多較重，要搬上搬下月台，遇到需要轉車時，下一班車的上車月台並不一定就在隔壁，要換軌道時更辛苦，趕得上還好，有時遇上車班延誤 (是的，德國的火車也是會誤點的，更不幸還會遇上罷工！但通常在車廂內和月台上，會事先聽或看到情報資訊)，還

要扛著行李和小孩衝月台，真的是心驚動魄的體驗！

　不過當孩子年紀較大且較能自理時，坐火車反而是他們比較喜歡的移動方式，德國快速列車 ICE 的空間寬敞，也有適合親子的包廂設計可預訂，孩子在車上看書畫畫，可較多機會走動，並有寬敞的洗手間可使用，在長距離移動時亦是可優先考慮的一項選擇。

德國國鐵介紹

　德國火車的乘車資訊可由德國國鐵網站 Bahn.de 查詢，並且可以直接在網站上訂購車票，多加少許費用，則可以選擇對號座訂位，分頭等車及普通車（但普通車廂的座位已非常舒適），自行在家列印車票後直接上車。

　若是在台灣就向旅行社購買了歐洲鐵路通行證，也可以藉由此網站付費訂位，因為德國的火車尤其是特快車 ICE，熱門的時間及路線並不見得有自由座可坐。建議要坐特快車等長程火車的話，最好先在網站上購票訂位，因為德國各城市的火車站櫃枱通常是大排長龍，如果趕時間時要買票是很有壓力的！若坐區間車 RE，或像是鄉間火車則不需要對號，只要在上車前購票即可，利用車站的自動售票機也有多國語言可選，非常方便。但千萬要記得買票，被抓到坐黑車的罰款是相當的驚人哦！

　歐洲的火車月台大多是開放式的，不像台灣日本的火車或高鐵，要先驗過票後才能進入月台，因此歐洲的列車長會在火車開

RE 平快車

ICE 特快車上的
親子包廂

ICE
特快車上二等艙

動後進入車廂內詢問查票。在德國國鐵網站上訂票並且用信用卡付款後，務必記得帶著列印出來的車票，和刷卡付款的那一張信用卡，列車長會同時查驗信用卡與車票，以確保車票的正確性。

對帶著孩子的家庭，德國的火車費率相當貼心：

▶ 6 歲以下的孩童一律免費，且不需要車票。

▶ 6 至 14 歲的孩童，若由家長（父母或祖父母）陪同可免費乘車，但必須在購票時說明，將人頭列記於車票上；若是自行搭乘無家長陪同，則仍需付半價車資。

▶ 以上兩種優惠，若孩童需佔位（希望事先訂位確保有座位可坐），仍需要付訂位費用，可利用德國國鐵的家庭訂位優惠，比一般訂位費（每人單程 4.5EUR）便宜。

德國國鐵孩童訂票網址：

www.bahn.de/p_en/view/service/passengers/family/children-prices.shtml

規劃適合自己的路線

我們的路線大多以親子慢遊精神為主，配合當年可安排的時間

季節，以及我們自己的興趣，或許不見得適合所有家庭，但希望
能有助於參考規劃：

●不同點進出 ···

法蘭克福機場／蘇黎世機場進黑森林區（停留四日以上），慕尼黑機
場離開。

由機場取車自駕，或是坐火車到了弗萊堡所在的黑森林後停留
三、四日，再開車經波登湖→往巴伐利亞方向前進（全程開車
約 4 小時，中途於波登湖區週邊景點午餐遊玩，這一日上下
午各開車約 2 小時）→巴伐利亞景點慢遊：如新天鵝堡＋楚
格峰區（兩區較近）、或國王湖近奧地利薩爾斯堡一帶（『新
天鵝堡＋楚格峰』或『國王湖＋薩爾斯堡』可各規劃至少四
日）→最後一站慕尼黑（若租車建議在慕尼黑市區就還車，因
為市區公共交通發達，開車反而也有塞車和停車問題；並且由
市區前往機場的快車非常方便）→慕尼黑機場離開。

另一種行程則不包含阿爾卑斯山之路上的景點，適合較少天數
的安排，在離開黑森林區之後，前往巴伐利亞州的其他著名
城市景點及周邊主題樂園，如紐倫堡 (Nürburg) 或是烏爾姆
(Ulm)，紐倫堡離摩比樂園非常近，烏爾姆則距離樂高樂園只
有半小時車程，這兩個區域開車或坐火車前往慕尼黑或慕尼黑

機場，較由阿爾卑斯山之路上的景點近和方便許多（僅需1~2小時），可在回程班機起飛當天再移動即可。

將城市行程（不管是慕尼黑、紐倫堡等）安排在最後回程日前，最吸引人的就是城市內的百貨名品店林立、血拼選擇較多囉！等到行程最後，再帶著戰利品上飛機，也省去一路上帶著增加行李重量的麻煩。

●同點進出 ···

法蘭克福機場進出（因最多航班選擇以法蘭克福進出德國）。

鄉間小路上最大咖的是單車和行人

法蘭克福機場取車自駕或火車直達弗萊堡後租車→黑森林區（停留四日以上）→（回法蘭克福機場方向）可前往斯圖加特(Stuttgart)、海德堡或萊茵河區域旅遊→法蘭克福機場離境。

礙於篇幅並且為符合親子冷門旅遊路線原則（苦笑），本書以黑森林區和阿爾卑斯山之路為介紹主軸，其他較常見、著名的城市景點，就留給其他專業自助行家們介紹囉！

安心在德國駕車

●因台灣駕駛大都習慣自排，歐洲則以手排車居多，建議在出發前，就上網向租車公司預約自排車種，Hertz 及 Europcar 是我們家較常利用的租車公司，自排車種較多選擇，取還車的點也都算方便；通常以一週7天為單位租車，會有些優惠折扣。

Hertz 租車公司網站：https://www.hertz.com.tw
Europcar 租車公司網站：https://www.europcar.com

● 在預訂取車及還車時，要特別看清楚取車還車地點的營業時間。大型機場的租車公司櫃檯和還車車庫，多是 24 小時營業，但在城市或小鎮的營業點，部分仍有上下班時間的限制，錯過時間就無法取還車哦！

● 有一點是我的朋友也發生過的問題，一定要記得在出發前準備好的，就是除了有效的國際駕照之外，請同時記得帶著台灣的駕照（非身分證），租車公司會連同護照與「台灣駕照」、台灣發的國際駕照一起檢查，才會放行租車。

● 德國規定 12 歲以下兒童須乘坐安全座椅，如果孩子身高較高，

高速公路簡單休息區

仍至少要租墊高的 booster 型安全座椅，才能讓安全帶發揮
保護作用。在租車預約時，請記得一起預約，以免到現場取
車時，不見得有足夠的安全座椅可租（須額外收費）。我們
家的省錢方式是，從台灣自己帶 booster 座椅，上飛機時也
隨身帶入機艙，正好孩子身高不夠看不到小電視螢幕，可增高
使用，到德國後直接可在租車時用。

●高速公路除了有餐飲的休息站，也固定會有路邊的簡單休息
　區，有乾淨的公共廁所，還常見供人野餐的桌椅，有一些還貼
　心的會有兒童遊樂設施，讓長途開車旅行的休息時間，大人小
　孩都舒適。

在德國開車，台灣駕駛最容易違規的注意事項：

●別搶黃燈。任何十字路口，從綠燈變紅燈前，黃燈的時間就一
　定要煞車了，或許在台灣有多個幾秒的時間衝黃燈是大家的慣
　性，但在德國，若是維持這樣的習慣，在鄉下地方的十字路口
　也是會收到罰單的（親身體驗，而且會附上駕駛照片的罰單，
　還經由租車公司資料追到台灣來），罰金金額會讓你一輩子難
　忘的！

●高速公路上，最內側（左側）車道是用來超車用的快速車道，
　所以要超車只能由最內側車道，不能從外側（右側）車道超中
　間車道的車哦！而高速公路也並非所有路段都無速限，仍要隨
　時注意一下是否有速限標示。

旅行
便利貼

TRAVEL
NOTE

德奧瑞三個國家，對高速公路的收費方式不同。瑞士須購買高速公路通行票，若在瑞士境內租車取車，車上都會有高速公路年票貼紙，可以開高速公路沒問題。而行駛奧地利境內高速公路也須要購買通行票（有分10日、1個月），且因為阿爾卑斯山區中，德奧在公路上沒有明顯分界，在進入奧地利之前就要購買好通行票（見 P.189）。

德國高速公路則無此問題，但一般德國租車的車窗上仍有一個小貼紙，這是 Umweltplakette 綠色環保貼紙，為了減低城市中的汽車排放廢氣量，在部分規定設有環保區的城市，如果車子上沒有貼貼紙，是會被罰款的哦！

黑森林一點都不黑

Schwarzwald

黑森林是德國最大的森林山脈，大部分被松樹和杉木覆蓋，之所以稱它為「黑森林」，是因為林區內的森林密布，遠遠望去顯得黑壓壓一片。根據樹林稠密程度分為北中南三部分。本書以南部黑森林區，也就是弗萊堡到德國和瑞士的邊境為主。雖然這片地區被稱為「黑森林」，但它可不是童話中可怕神祕的森林，而是有許多好玩有趣又美麗的景點在其中喔！

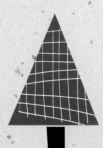

Karlsruhe
卡爾斯魯爾
(訪客卡區最北城市)

法國

④ 魯斯特
歐洲主題公園

⑧ 古塔赫
露天博物館&手控飛車

⑤ 瓦爾德基爾希
樹冠層之旅

③ 柯爾瑪

① 弗萊堡

⑥ 歐貝里德
史泰因瓦森樂園

② 蒂蒂湖

⑦ 哈森豪手控飛車

⑩ 猴子山

⑨ 波登湖

瑞士

黑森林南部地圖

①**弗萊堡**：南部黑森林入口城鎮
可作為南德自駕行的停留據點。
(P.61)

②**蒂蒂湖**：由弗萊堡可搭火車前
往。(P.69)

③**柯爾瑪**：據說是宮崎駿動畫《霍
爾的移動城堡》取景處！從弗萊
堡可搭區間車，再換乘巴士抵達。
(P.70)

④**歐洲主題樂園**：從弗萊堡乘坐直
達巴士，一小時內可抵達。(P.113)

⑤**樹冠層之旅**：吊橋樂園！從瓦爾
德基爾希火車站出發，步行可抵
達。(P.90)

⑥**史泰因瓦森樂園**：整座山就是一
座樂園！讓小孩盡情奔放的好去
處。(P.98)

⑦**哈森豪手控飛車**：號稱全德最
長手控飛車，為著名觀光景點。
(P.106)

⑧**古塔赫露天博物館 & 手控雲霄
飛車**：來到古塔赫絕不能錯過的露
天博物館，和手控飛車！(P.108)

⑨**波登湖**：著名渡假勝地，位於德
奧瑞三國交界。(P.123)

⑩**猴子山**：可近距離餵食猴子的生
態園區！(P.123)。

━━━ 黑森林旅客卡使用區域

◯ 黑森林小紅卡的使用範圍

1

黑森林的入口大學城
弗萊堡

Freiburg

身為德國的知名旅遊勝地,南部黑森林的入口處──弗萊堡,是我在
德國回憶最深也最多的一個地方,雖然這裡不如柏林、慕尼黑等大城
市便利,但是城鎮處處保留歐洲歷史的痕跡,令人喜愛。

要介紹這個小城，對我來説竟然是南德所有地區中最困難的！因為除了十多年前曾住在這裡一年多之外，這裡應該是我們全家在德國停留最多次，體驗了四季風情，打心底覺得最像我第二個家鄉的地方，對它有太多的情感和回憶，加上每次不論出差或全家去德國出遊都會造訪，一時之間真不知道要從哪裡介紹起。

十年多前，我還是個徹底的大城市粉領，那時怎麼樣都想不到，我能在一個沒有便利商店，購物也只有不到台北忠孝東路四段一半長距離的一條街（上面只有兩家較大型的百貨公司），晚上八點後除了餐廳就沒有地方營業的小城生活。但是這十多年來，每一回到弗萊堡，對它的喜愛卻是有增無減。

漫步歐風老城區

弗萊堡位在與法國和瑞士交接處的黑森林區中，算是此區最大的城市。數十年來，居民人口數大概都在二十萬出頭，概念上和現在台灣的新北市蘆洲區差不多。

和大部分的德國城市一樣，最熱鬧也最多東西可買，最多景點可看的地方，都集中在弗萊堡的老城區，但從火車站到老城區這一片區域幾乎只有行人、單車和街車可行走。在這裡，不像台灣的大學有大門和守衛，弗萊堡大學的外圍並沒有隔離牆圍住，是個名副其實的大學城，在街道間穿梭就像漫步在各學院建築之一樣，路上隨處可見學生們或坐草地上看書曬太陽，或三五人坐街邊快餐店吃飯聊天。

　　孩子們最愛在夏天來到弗萊堡，設置在老城區街邊的小水渠，在古代是作為消防用途的，由附近的河流引入溪水，看似小水溝，但水質非常清澈乾淨，炎夏時更是遊客孩童們泡腳清涼一下、過一下玩水癮的地方。

　　弗萊堡主教堂 (Freiburg Münster) 位於老城區中心點，建自西元 1120 年，是德國少數保存中世紀歌德式建築的教堂和鐘樓。週六常有管風琴音樂會開放給一般民眾，坐在教堂中，管風琴樂聲在高聳的歌德式教堂內迴盪，真的是寧靜心神的最高享受與藝術洗禮。這十幾年來來去去的印象裡，教堂頂似乎永遠處於整修的狀態，看來教堂的翻修重建，是門耗時的藝術大工程啊！

永遠在修的教堂

在廣場市集附近，有一攤在夏日非常熱門的市集，專販售木製的小帆船，讓孩子可以拉著船在小水渠中遊玩行走，對孩子來說，不需要刻意拜訪參觀著名景點建築，街邊小水道就是遊樂場和難忘的夏日回憶！市集左側，週一到週六早上有固定的幾家木製玩具攤，掛滿了木製的拼圖、積木、武器等玩具，還有各種古早味的木頭飾品，孩子們至今最喜歡的戰利品，是在現場製作、烙上了各自姓名的中古世紀型木劍，雖然是武器類玩具，但作工精細圓滑，手感極佳，家長們也不用擔心有銳利傷人的危險，烙上姓名也極具紀念價值。

圍著主教堂的廣場，平日早上有我最愛逛的菜市場市集。觀光客到弗萊堡，也一定要在廣場上來份麵包夾香腸，光是夾在麵包裡的香腸就有不同長短和煎煮方式的多種選擇，放眼望去也有四、五攤。若是午後菜市場結束，仍有一兩攤營業至傍晚。

享受在巷弄挖寶的樂趣

除了一般旅遊書會特別介紹在主教堂廣場邊的老百貨公司、

市政府，和最新建好、看起來像太空飛船超大母鑑的大學圖書館之外，我自己最愛閒逛的是在主教堂後方，靠近城門許瓦本門 (Schwabentor) 中間的這一區老街道。

在這行人徒步區的街道上有許多特色小店，每間都充滿讓人想進去挖寶的氛圍。老城區出口靠近許瓦本停車場這一區，春天花開時，串連在頭頂上的夢幻紫色花藤，是我個人覺得弗萊堡最美最令人流連忘返的街景，喜愛到每次出差若要停留兩三晚，我就一定會選在這一區唯一有提供免費 Konus 交通卡的飯店（Hotel Schwarzwälder Hof）留宿。一走出飯店，立刻進入這區小街道的恬靜中，也心機很重的常特別選春天來出差。

而在許瓦本門的另一邊老街道裡，靠近奧古斯丁廣場的 (Augustinerplatz) 這一區，入夜之後可以到 Hausbrauerei Feierling(Hausbrauerei 是釀酒之家的意思， Feierling 是店名）品嚐上百年歷史的自釀啤酒。Feierling 是弗萊堡第一家自釀淡啤酒廠，這間夜裡燈火通明的啤酒餐廳，在一旁大樹遮蔭下也有露天的啤酒花園可享用餐點，周邊街道也隨處可見小溪流過，若停下腳步看，會發現溪裡令人會心一笑的童趣哦！

主教堂旁的玩具攤

HAUSBRAUEREI FEIERLING

Feierling 啤酒餐廳

近幾年每年的五月及十月，在月初的某個週六，弗萊堡還有另一個有趣的「熱血」活動，就是血拼到午夜的超級星期六 (Megasamstag)，這一天可是當地人的「特別血拼日」！這兩天晚上，大概是小城一年中會看到最多人的時候了！平時只營業到晚上八點的大型商家和百貨公司，在這兩天會開到半夜十二點。除了開到午夜之外，百貨公司還會舉辦許多有趣的活動，各樓層可見一些平常不會有的雞尾酒攤，街邊也有店家在門口販售雞尾酒，甚至連街上都有特別的啤酒專車，主要購物街充滿快淹沒人群的派對氣息！如果在這兩個時間點準備前往本區的朋友們可別錯過啊！

弗萊堡的不可不知

弗萊堡作為南德旅行的中繼休息站，我們帶著孩子造訪此處數次，每一回在老城區裡他們總是特別喜愛幾個「老地方」！

● 30 年玩具老店 ·····································

在老城區有名的景點漁夫區 (Fischerau) 附近，有一家 30 年的玩具老店 Spielzeugladen Holzpferd，從我和先生十多年前兩人住宿當地時，一發現就如獲至寶，店內雖小，但充滿了各種有趣的、古老的、精緻的玩具，尤其是各種歐洲古老的隨身小玩具更是我們的最愛。店門口非常好認，總是擺設了一隻架在高處的老牌 Pustefix 泡泡熊，自動吹泡泡的功能讓泡泡隨風流洩街中，經過了絕對不會錯過，也絕對不能錯過啊！

30 年玩具老店 Spielzeugladen Holzpferd
地址 | Gerberau 24, 79098 Friburg
網址 | www.spielzeugladen-holzpferd.de/

●超 JUICY 果汁軟糖 ···

很多人到德國會買果汁熊軟糖作為小朋友的伴手禮,最常見
的品牌是台灣也買得到的 Haribo,但我還是最愛 Bären
Company 這個講究天然健康的老牌,口味種類更多、口感
更細膩,果汁含量也更高,並且強調沒有人工香料更安心些。
在德國的店面並不多,但弗萊堡分店就在主教堂入口的廣場
邊上,受歡迎的口味常常有不同分量的包裝,作為旅途中的
零食或是伴手禮都是首選。

Bären Company Freiburg
地址 | Münsterstraße 4, 79098,Freiburg

●炸豬排的享食天堂 ····································

在當地有一家人稱炸豬排天堂的餐廳 Tacheles,味美分量
大又價格實惠,是我們每回都要去大口嚼肉的餐廳。

餐廳位在老城區的巷弄中，有一樓半露天的開放式座位和地下一樓的酒吧型空間，一人份的豬排餐裏有兩大片炸豬排，可選各種醬汁口味，附餐可選擇爽脆的炸薯條、薯塊、米飯或手工麵，並且還會配上一份沙拉，非常滿足，營養也很均衡！孩子食量較大後，我們也不敢一人點一份，倒是他們的三人超值盤比較剛好，視覺上更是還沒開始吃就飽啦！

Tacheles
地址 | Grünwälderstraße 17, 79098 Freiburg
網址 | www.facebook.com/yampaval/

前往周邊探索去！

若停留在黑森林區時住在弗萊堡，也可以將此處當作遊覽黑森林區其他名勝，甚至是前進法國和瑞士的駐紮基地！

●蒂蒂湖 (Titisee) ....
一般旅行團到黑森林區最愛去的蒂蒂湖

▶由弗萊堡火車站每半小時都有出發的火車班次，約 40 分鐘左右的平快車就會到達。除了美麗的湖景之外，這裡也

集合了最多黑森林紀念品選擇的商店（包含咕咕鐘，還直接幫你退稅完寄回台灣哦！），也有船可以遊湖。

▶夏天如果全家同遊，在離蒂蒂湖火車站只有五分鐘腳程的 Badeparadies Schwarzwald，更是超級消暑的室內玩水最佳去處，有許多分齡的滑水道可玩，也有人工海浪區，使用黑森林小紅卡（詳情見 P.76）還可以前一個半小時全部免費。

▶從蒂蒂湖可以搭乘巴士前往附近的菲爾德山（Feldberg），這是黑森林所在的巴登符騰州中最高的山，坐纜車還可以登上高塔眺望（使用小紅卡坐纜車和上高塔也都免費）。在冬天雪季，菲爾德山則是黑森林區的滑雪勝地呢！

●歐洲主題樂園 (Europa park)
德國第一大樂園「歐洲主題樂園」

歐洲主題公園位在黑森林區北部，從弗萊堡火車站旁的公車總站 (ZOB)，有直達巴士可以在一小時內抵達，適合當天來回。因為歐洲主題公園內的渡假住宿費相當驚人，在園區體驗完那麼多種雲霄飛車轉來轉去一整天後，還是選擇坐巴士回基地最舒服啦！

●柯爾瑪 (Colmar)
超級夢幻的法國小鎮

另外特別要介紹一個非常夢幻的法國小鎮柯爾瑪，據說是宮崎駿動畫《霍爾的移動城堡》取景的地方！可愛的街道排排

站著具有濃厚童話特色的半木造房屋，其中盡是令人流連忘返的甜點店與古董家飾家具店。小鎮中有河流穿過，遊客更可以乘船欣賞這座可愛的城市。重點是，住在弗萊堡，從火車站搭區間車出發到布萊薩赫 (Breisach)，再下車換乘巴士，約一小時就可以到法國柯爾瑪跨國旅行，Voilà!

旅行 便利貼

TRAVEL
NOTE

如果第一次來到黑森林區，不想租車自駕，選擇以弗萊堡為據點四處遊玩，絕對是交通最方便，生活機能和語言溝通也最不會有問題的地方了！連星期天都不用擔心找不到日常用品或食物可買，因為弗萊堡的火車站是唯一此區連週末都有簡單超市營業的地方！

特
輯

Special
Feature

黑森林
暢遊利器

Schwarzwald Gästekarte &
Hochschwarzwald card

出國玩，光是訂房訂車訂機票已經得花去一大筆錢，因此
若有任何旅客折扣、優惠，對自助行的旅人來說，絕對是
越多越好！而黑森林區提供給旅客的好處則是多到說不
完，非得寫一篇文章來讚揚一下！

　　大部分去德國自助旅行的朋友們，可能知道有單國的火車通行證可以在台灣購買，以節省坐火車的費用（尤其旅行的距離很長，必須南德北德跑時），但如果計劃在南德黑森林區裡悠閒慢遊，那你一定要認識一下這張黑森林旅客卡（black forest guest card/ Schwarzwald Gästekarte），以及另一張更犀利的南黑森林小紅卡 (Hochschwarzwald card)！

交通費全免的「黑森林旅客卡」

　　簡單來說，除了住在像弗萊堡這種黑森林中較有規模的城市以外，在大部分的黑森林區住宿（飯店，公寓，民宿，農場），

只要連住兩晚以上，就會發現帳單明細中有項「Kurtax」的項目，也就是所謂的渡假稅。這稅不能不繳，可也沒有白繳，因為黑森林區會提供來此渡假的旅客非常方便的優惠！飯店或民宿會在客人 check-in 後提供一張黑森林旅客卡。這張卡片上印有「KONUS」這個記號，其中最大的優惠，就是在黑森林區裡，不論是坐火車二等艙（IC/ICE 這種高鐵類的除外）、公車，或甚至是到弗萊堡城裡購物血拼坐街車（straßenbahn），交通費都統統免費！

三年前的秋天，我們第一次住進中部黑森林的農場，就有拿到黑森林旅客卡，但並不是每一個住宿業者都會主動給你。我們的農場女主人是非常簡單地，把這張申請表放在玄關處，讓住客自己填寫上資料，然後只要有他們農場名稱的資料和編號，及主人的簽名在上面，就可以把資料表上的卡片沿虛線撕下、帶著卡片出門使用了。

較重要的是，絕對要記得填上去 check-in 和 check-out 日期，這張卡一直到離開住宿的當天一整天都是有效的！並且，一張卡正好是一戶登記住宿的人一起使用，例如我們家有四個人，兩個大人兩個小孩都在上面填清楚，這樣拿著卡片在火車上和公車上時，兩大兩小一起搭乘，司機或查票員就可以清楚對照。（要注意哦，並不是一個人就發給一張卡，而是以住宿登記一戶一張）。

黑森林訪客卡

有了這張黑森林旅客卡，即使是想要在弗萊堡城市裡活動或購物，也可以輕鬆的省去住宿和交通費。舉例來說，一般住在

弗萊堡的市中心老城區裡，雙人房的費用都在平均 90 歐元以上，但如果選擇住在離弗萊堡只有火車兩站（不到半小時）距離的基爾希察爾騰 (Kirchzarten)，住宿的費用會省一些（以同樣舒適的房間而言），而且住宿景色是更自然也較安靜。假如再住離城市遠一些，像到風景優美的聖彼得 (St.Peter)，房價越便宜，加上使用黑森林旅客卡坐火車去弗萊堡，免錢！在弗萊堡市區裡坐電車，免錢！（通常成人搭乘一次要 2.3 歐元以上）坐火車到蒂蒂湖區旅遊，免錢！

目前黑森林區裡總共有 139 個小鎮和地區的住宿都會提供這張卡片，無論是用訪客卡以弗萊堡為基地到各景點，或是住在近郊探訪其他乘鎮，都很方便，重點是有了這張卡，交通免費真的省去一大筆啊！

你說，黑森林區是不是非常體貼來渡假的旅客呢？

旅行便利貼

TRAVEL
NOTE

南部黑森林官方網站：Hochschwarzwald.de

黑森林旅客卡上詳細的 KONUS 說明 (英文版)：
http://www.dreisamtal.de/en/service/konus.php?lang=en

連結網頁中有使用區域地圖，有放大的 pdf 檔，說明整個免費交通的使用範圍。黑森林好大一區啊，其中包含了十個不同地區的交通網都免費搭乘，最北可以用到卡爾斯魯爾 (Karlsruhe) 這個城市，最南可以用到與瑞士交界的巴塞爾 (Basel) 耶！

省很大的「南黑森林小紅卡」

　　另一張省更大更犀利的優惠卡，是專門提供給部分住在黑森林南部（Hochschwarzwald 區）的旅客。

　　在黑森林南部旅行時，住宿地點的網頁或資料上，如果有個紅底標誌寫著上圖 Card 的字樣，就代表只要入住兩夜，即可獲得這張南部黑森林優惠卡（簡稱小紅卡）！近 260 多個南部黑森林區的住宿有提供這張卡，而且並不只有星級飯店才有哦，有些農場和民宿，甚至露營地都有提供。

　　這張卡有什麼好處呢？在黑森林南部有非常多有趣的景點和遊樂設施，像是刺激的手控飛車 (Hasenhorn Coaster)，或是有動物也有遊樂設施的史泰因瓦森公園 (Steinwasen-Park)，這些地方門票只要有了黑森林小紅卡就可免費入場（史泰因瓦森公園，一位成人的票價原是 23 歐元）。在南部黑森林官方網站上，有一整區是列出這張卡片有優惠的場所，可惜是德文的，不過可用 google 翻譯成英文，還算可以看得懂，部分優惠在本書中也有介紹。

　　而有提供這張小紅卡的住宿場所，也提供前述的黑森林旅客卡（這兩張卡不一樣哦，不能替代使用）！如果「很幸運地」訂到理想的渡假住宿同時提供這兩張卡片，那完美的假期就只差天公作不作美了！為什麼說要很幸運呢？因為黑森林是全歐洲，甚至美國人都喜愛的渡假天堂，理想的渡假住宿，真的是差一秒少一間哦！

請認明此標誌

黑森林小紅卡

Hasenhorn 手控飛車

Kletterwald 森林遊樂場

「賺很大」的黑森林親子遊

2015 夏天，兒子滿七歲泳技較為進步了，他心心念念曾在黑森林一個水上樂園 (Badeparadies Schwarzwald)，因為身高年紀泳技未達到標準，所以無法跟姊姊一起玩的各種室內滑水道。所以這次再遊黑森林，惦記著要把這個樂園排入行程，於是找住宿農場時，我們便特別留意有無提供黑森林小紅卡的住宿選擇。

除了使用黑森林旅客卡的交通免費之外，這一趟停留黑森林的五天四夜中，算一算我們用這張小紅卡省了 200 歐元以上的費用！全家住宿一個晚上不到台幣 3,000 元，再加上可以省掉這麼多門票費，更別說我們因為自駕，沒有使用到免費的火車和街車等交通優惠的錢，有了小紅卡，黑森林玩整整一週也不為過啊！

入住前，我先把每個人的英文姓名 mail 給農場老闆，所以入住當天約下午兩點多到農場，一進房門，每人一張印好名字的小紅卡，已經放在桌上囉！要注意的是，小紅卡套夾裡，黑森林訪客卡（寫有 Konus）是最後可以帶走的，但有嗶嗶通行功能的紅色卡片，有些屋主會預收押金，等退房時完好歸還（他才能再重新設定給下一組客人）就會退回押金。

以下是利用小紅卡在黑森林區遊走五天中省下的費用列表，供大家參考：

目的地	小紅卡折扣/優惠	省去票價	
蒂蒂湖 Titisee	乘船繞湖一週免費	**15 歐元**	大人 5 歐 (2人) + 小孩 2.5 歐 (2人)
水上樂園 Titisee Badeparadies	1.5 小時免費	**48 歐元**	每人 12 歐 (2017年票價調整後, 每人可省去 13 歐元)
史泰因瓦森樂園 Steinwasen Park	門票免費	**84 歐元**	大人 23 歐 (2人) + 小孩 19 歐 (2人)
手控雲霄飛車 Hasenhorn Coaster	手控雲霄飛車 + 上山纜車免費	**35 歐元**	成人 9.5 歐 (2人) + 小孩 8 歐 (2人)
Feldbergbahn	上下山頂纜車 + Feldbergturm 進入山頂高塔	**32.2 歐元**	大人 9.5 歐 (2人) + 小孩 6.6 歐 (2人)
自然保育館 Haus der Natur Feldberg	門票免費	**家庭票 8 歐元**	
Kletterwald 爬高高森林遊樂場	一小時免費	**55 歐元**	大人 15 歐 (2人) + 小孩 12.5 歐 (2人)

(但我們因為不知道須提早預約場
次,而無法進入,實為一大損失)

共計 277.2 歐元,換算當年的匯率大約是新台幣 10,268 元!

旅行
便利貼

TRAVEL
NOTE

德國各區域為了推廣休閒觀光,都會有類似區域性的火車票特惠方案(無
法與火車證併用),或是像小紅卡這樣,與住宿結合的區域性旅遊優惠卡!
如本書 Part 3 介紹的卡爾文德爾(Kawendel)山區(詳見 P.175)也有
類似的優惠卡,通常必須在同一點進住宿 2~3 晚以上才會附送,鼓勵遊客
作區域性的深度旅遊,所以慢遊不但享受,其實也省更多呢!

2

難得住農場

Ferien auf dem Bauernhof

在兩個孩子皆進入學齡期的這兩、三年，我們開始迷上德國農場住宿，
每年換一個不同的黑森林農場，每年都有不同的體驗與感動，也在農
場的自然環境中得到最抒壓及放鬆的渡假效果。

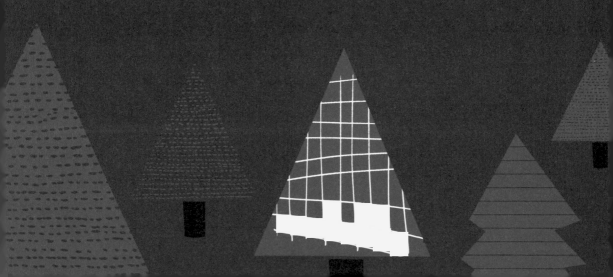

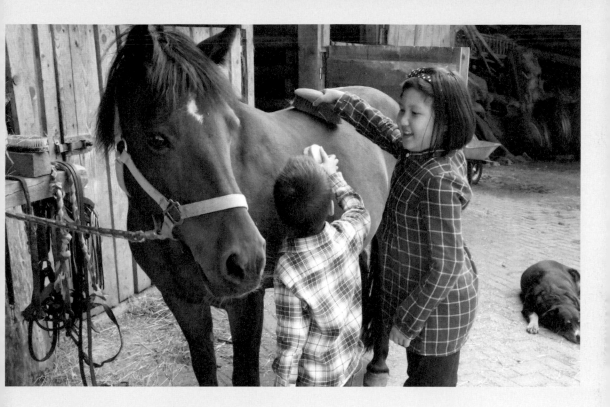

德國親子旅遊首選：農場假期

「農場假期」是德國親子渡假的常見選擇，在南德的黑森林區及巴伐利亞，有最多的農場選擇提供住宿，大部分需要開車自駕比較方便。

選擇住宿農場，倒是不用把假期想像成是像台灣流行的農場勞動體驗，而比較像是選了一個非常自然的環境，並且有比較大活動空間（有獨立臥室與客廳廚房）的渡假公寓，而農場主人自住的屋舍也同在農場中。

農場住宿起居間一隅

　　黑森林大部分的農場都在郊外山區小徑旁,有養牛羊的,更有大片山頭的草地放牧。這些農場主人,通常其實非常忙碌於農務,有時可能整天都看不到人,因為這些農場主業真的是農/畜牧業,並非像台灣的觀光農場。

　　德國農場的人力大部分就是自家家庭成員,而且常是阿公阿嬤頭髮都白了還在工作。也因此,住宿在農場的感覺挺自在,進出有獨立的門戶,比起農人還更常看到牛羊(小心!回到城市後,比起人類你會更想念牛群哦!),不想開車出遊時就在農場周邊的山中森林小徑散步健行,孩子們在農場簡單的兒童遊樂設施和觀看動物之間流連就不想離開了,如果已備好食材或是農家有供餐選擇,只要肚子餓的時候準備吃就好,「山中無日月」真的是農場假期的最佳寫照啊!

　　我們第一次體驗住農場時是初秋九月中,已過了德國夏天的渡假旺季,因此比較好訂住宿,竟然讓我們在中部黑森林區幸運地訂到了一間有養馬,並且提供住宿「小客人」免費騎馬的農場(大人也可以自費騎馬教學)!除了養馬之外,還有養牛、羊、豬、和雞,更有自己的菜園和山上的鱒魚池,是非常道地的農家,有多道地呢?就是這些豬啊雞啊,就住在我們的房間正下方呢!

在住宿農場的五天中，我們通常安排一天開車前往一個景點遊玩（可參考黑森林篇其他介紹）。黑森林區有趣的景點車程不需要太久，因此出發前，孩子們通常已經在農場玩過一陣子了，或是早餐後先上山散步踅一圈再開車出遊。午餐就在外享用，回到農場前，有需要再去超級市場採購早晚餐食材，而一回到農場，在農場的家裡備餐前，孩子們又不知跑去看牛看羊，還是到超大彈跳床上邊東倒西歪地邊跳邊笑了。

後來連續兩年，我們都選在夏天時住宿南黑森林區的農場，離許多水上活動和樂園、手控飛車都近，白天的時間（其實夏天白天很長啊，九點才開始看夕陽）常在農場外的景點間穿梭，所選農場牧養的動物以牛為大宗，夏天太陽下山到入夜後，吹著山上涼涼的風，聽著牛鈴聲，晚餐收拾餐桌後再來瓶德國啤酒或白酒，真的是對城市人來說最奢侈的享受！

旅行便利貼

TRAVEL
NOTE

黑森林區農場搜尋
www.breisgau-schwarzwald.de/bauernhof-
ferien.htm

用小紅卡網站，選擇 Bauernhof 搜尋
www.hochschwarzwald.de/Card
（方便找到可以使用小紅卡的農場，詳情請見 P.176。）

巴伐利亞區農場搜尋
www.bavaria.by/farm-holidays-bavaria
english.bauernhof-urlaub.com/

入境隨俗，最道地的德國吃食

　　德國用餐如果不是吃小吃（Imbiss，如土耳其袋餅 Kebab）或中式快餐，一份餐點不含飲料大概都接近 10 歐元。如果不想餐餐吃外食想省些花費，住在有廚房的公寓或農場自己煮最省最方便。如果農場裡沒有種菜賣菜，超市裡都有非常方便的生菜沙拉食材可以選擇，還有各種適合配酒的德國漬物，肉品更是有醃好的或各種看到眼花的選擇，愛吃香腸火腿的人會巴不得想每一種都試試看，超市冷藏櫃中一眼望去一櫃就有數十種啊，三餐都吃還都吃不完呢！

　　澱粉類有方便的麵食可以加熱即食，除了大家比較熟悉的義大利麵外，我和孩子都愛德國手工麵 Späzle，口感類似中式麵疙瘩，超市的冷藏櫃中有新鮮作好的，一般架上也有像義大利麵般的乾貨，口感像台灣的麵疙瘩或刀削麵，回去加熱，用洋蔥奶油或酸菜乾炒，或用煮的搭配有醬汁的料理都非常美味。

　　想吃米飯的話，德國超市也可以買到亞洲包裝圓米。當然每一餐都有的，就是便宜到比水划算的啤酒了，就算紅白酒，也

各種方便包食材

兒子說比台灣 pizza
還好吃的冷凍 pizza

是不到 10 歐元就可以有很不錯的品質。其實超市一圈買下來
（包括隔天早餐）會發現食物食材的價格，實在是比台灣好買又
划算。最重要的是，在家吃實在太輕鬆愉快了，有獨享的山景，
小孩吵也不擔心，也不用等上菜和等結帳正襟危坐等到天荒地
老！（主婦心中 OS:「渡假還要洗碗？」，選了有洗碗機設備
的廚房，其實真的不麻煩啊！但如果前人沒有留下沒用完的洗
劑，記得去超市時要補貨哦！）

　　孩子跟著爸媽逛了幾趟超市下來，也有了自己的最愛食物清
單，像是適合小朋友吃的德國火腿是 Lyoner 和雞肉口味，對
台灣胃來說比較不鹹，有可愛的熊圖案更是小朋友的最愛。現
成的蛋沙拉醬，其中有煮熟的切碎白煮蛋拌濃濃的美乃滋，更
是配麵包或沙拉一起享用的良伴。

　　台灣因為各種食安問題，越來越多人開始重視孩子的食育，
飲食教育其實最簡單的方法，不就是去農場生活嗎？在農場裡，
很多的事務及工作，都是為了「食物」在打轉啊！

從替農場主人去撿雞蛋（真的走進雞舍裡），看著老農夫開著比一層樓高的各種工作車整地或割草，把草捲成一綑綑地收起來好作為冬天動物們的食糧，聽牛鈴聲從這個山頭被趕著移動到另一邊的山坡上（換草地吃），在馬廄門口放著一袋袋給馬吃的蘋果，正好是剛剛爬山時經過的蘋果園裡樹上採的，一起料理晚餐餐桌上的生菜或瓜果上，還沾著剛採下來的泥土……。書上一句話就寫完的動作或成果，其實在農場上要花不少時間，而神奇地是當這麼天然自然的工作內容在眼前呈現時，孩子們甚或大人，觀看了大半天都還津津有味！

農場自種蔬菜

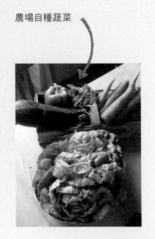

旅行
便利貼

TRAVEL
NOTE

其實最初選擇農場住宿的出發點，是因為孩子們喜愛動物，但初體驗後，我也愛上了寧靜自在，牛比人多，農作車聲比轎車頻繁的森林鄉村環境，更被這種自給自足，沒有多餘物慾及科技影響（現在大部分農場是有網路可用，但別太苛求速度，因為是農家啊！），純粹與自然環境、動物共生的氛圍感動。

除了冬季之外，農場的自然環境每一季都有不同的顏色和產物特色，而冬季的黑森林農場，其實更是想不到的熱門哦，因為南部黑森林有一座滑雪場在菲爾德山，許多農場就成了滑雪者最舒服住宿選擇了！

3

森林上的遊樂場：
樹冠層之旅

Waldkirch Baumkroneweg

日常生活中沒有太多讓孩子接觸大自然的機會，趁著來到黑森林，早上睜開眼放眼望去都是翠綠青蔥的自然環境，晚上睡覺閉上眼前也都是滿夜星空。每日在大自然中跑來跑去，看著孩子忘卻學校課業的壓力，心情和肢體都輕鬆了起來！

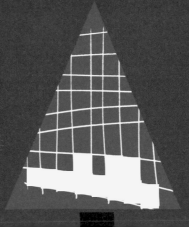

Waldkirch
老城區廣場

　　在黑森林的諸多景點中，我特別喜歡可以在高高森林樹冠層的吊橋道中漫步的這個小鎮——十多年前曾經有過一面之緣的瓦爾德基爾希 (Waldkirch)，這個位在大學城弗萊堡東北邊約 20 分鐘火車的黑森林中的城鎮。每年狂歡節，黑森林的眾多熱鬧慶祝活動中，瓦爾德基爾希的百位巫婆火舞遊行是最吸引我們造訪的原因。

　　黑森林區的狂歡節活動，有些地方從每年一月就開始，不過大部分活動的最高潮，都在二月底前的週末，因為在狂歡節過後，天主教徒們會展開六個星期左右的齋戒（和吃素不太一樣，是吃很少量的節食，也有說法是不喝酒吃肉），直到四月初的復活節才恢復正常，所以才會有這樣盛大的狂歡活動。

　　這裡的狂歡活動和一般我們在電視上看的巴西嘉年華或是威尼斯嘉年華不一樣，在黑森林區他們的活動型態被稱為 "schwaebisch － alemannisches Fest"（許瓦本和阿拉曼就是這個地區的民族稱呼）。沒有露肚臍扭屁股的性感美女，但是卻充滿了更多樣化，更有歷史意義的各種不同造型。

每個地區都有不同的造型和面具，看起來都不是美型而是像巫婆或是傻子小丑的模樣，因此德文中這些遊行活動被稱為 Narrentreffen，意思是「與瘋子傻子相遇」。

前往樹冠層樂園

十年後，我們帶著兩個學齡前的孩子再訪，初次以中部黑森林農場為基地，趁黑森林最美的秋天找景點健行散步。

來到了瓦爾德基爾希的卡斯特城堡 (Kastelburg)，從涼爽的林間步道 (騎士散步道，Ritterwanderweg) 慢慢走上山。在山上城堡殘垣的一旁，可以眺望整片城市，那時還不知道，原來在這個城堡的對面小山上，就是樹冠層 (Baumkroneweg/ Treetop Path) 遊樂區。

瓦爾德基爾希不大，從火車站出發，這些景點都可以在二十分鐘內走到。從火車站前順著指標找到遊客中心「i」，其實就離樹冠層遊樂區步道的起點不遠了。起點就在一個大型停車場附近，開車的遊客多將車子停在這裡，用步行的方式遊覽瓦爾德基爾希小鎮。

樹冠層遊樂區主要有三項不同的內容區域，適合全家親子一同探索，從起點開始往山上走，這一路稱為「感官之旅步道 (Sinnesweg)」，沿途有各種不同感官探索的小道具和遊戲，隨時會有一隻松鼠圖案導覽的英德法三種語言解說。孩子們有了道具動手操作，即便看不懂文字也有寓教於樂的效果。就這

麼一路沿著不同的遊戲玩上山，還在起點附近看到了狀似從山上溜下來的滑梯出口，孩子們看到這滑梯出口興奮極了，更迫不及待往前，走走玩玩爬爬，經過約一小時後，就抵達了主要的樹冠層吊橋步道區。

　　特別值得一提的是，在感官步道往山上走的路上，會突然在一個轉彎處看到一個畫框被吊在空中，一旁放著一排座椅，走到椅子的位置坐下，對面山上的卡斯特堡 (Kastelburg) 就剛剛好被畫框框成一幅美麗的畫，呈現在眼前哦！

　　重頭戲的樹冠層吊橋步道區在入口處是必須買門票的，但孩子們在入口前看到一區木頭和輪胎作的擺盪遊樂區，又停留了一陣子，坐在輪胎上像泰山似地從這顆樹盪到那顆樹，一輪又一輪，盪完又再回去起點排隊，門票買好卻感覺離樹冠層入口是那麼地近，卻又是那麼地遠啊！

旅行
便利貼

TRAVEL
NOTE

樹冠層遊樂區 Waldkirch 網站：
www.baumkronenweg-waldkirch.de/

雖然在山上自然環境裡，樹冠層園區內（不包含感官之旅
步道）須收費，並且在不同月分季節有不同開放時間，網
站內有基本英文資訊可查詢。

一日森林泰山體驗

　　終於小孩在入口前玩夠了，想看看樹冠層步道到底是什麼了，
一進園區內只見放眼望去都是在林間穿梭的吊橋，簡直就像是
座吊橋樂園！

　　吊橋從起點開始走一整圈長約 200 公尺，就像是在高高的樹
與樹之間騰空行走，腳下的結繩木板吊橋雖然會搖晃，但手握
和腳踏的感覺都很堅固踏實。看到大家都在高來高去，連白髮
蒼蒼的阿公都在走，孩子也興奮地一路走在最前面。沿路也還
有松鼠導覽圖，告訴你現在走到多高的樹冠層高度，最高可以
從 23 公尺的高度來感受黑森林的魅力。

　　在探險步道的最深處，有一個小樹屋形狀的地方，正是在剛剛在感官之旅步道上看到長滑梯的起點。這個滑梯據說是歐洲最長的滑梯，而且可不是隨便就能溜的哦！在進入樹冠層園區的入口之後，有許多毛毯疊在入口木屋旁，上前一看，原來是要溜滑梯的必備道具：經過特殊設計、墊在身體下的毛毯，還附有兩個把手。因此要溜滑梯的人（必須在 8 歲以上）要在此自行拿了毛毯，再爬上最深處的樹屋，投幣 2 歐元後才能開始高速的溜滑梯體驗，但記得要把樹冠層玩夠了再去滑嘿，不然一路滑下山後，要再走上山可沒有纜車坐哦！

　　雖然我們曾從卡斯特堡那一面的山上鳥瞰整個瓦爾德基爾希小鎮全景，不過從樹冠層的吊橋之間看過去，又是全然不同的感覺。腳下一邊往遠處看是小鎮風景，一邊則是黑森林高高的溫帶樹林景觀，即使是夏日，濃密的樹林下也完全不覺得炎熱。

　　穿梭在森林的樹木之間，與風和森林的香氣合而為一，對平常只能在建築物之間生活的人來說是種非常抒壓的體驗。而對

孩子來說，有什麼比可以放心地爬高玩耍，在這麼高的樹林間
走來走去更酷更有趣的呢？可惜當時小兒子還沒滿 8 歲，無法
玩超長滑梯，但也留給我們一個再回訪的最好理由，全家約好
下次一起挑戰高速溜滑梯一路溜下山！

親子
觀察站

PARENTS'
THOUGHTS

帶著學齡前後孩子的慢遊行程，我們通常每一天只安排一
件事或一個景點，像樹冠層遊樂區，即使知道是半天時間
就綽綽有餘的地方，還是事前就只先大概計劃一個點。

在平常上學上班的日子裡，我很不想承認，但確實我最
常對孩子叨叨念的就是：「不要再浪費時間啦！動作快
點！」雖然每日作息正常，但也得從早一直到孩子們九點
入睡後，才終於覺得時鐘的滴答聲不在耳邊催促發響了。
而在出國慢遊的活動和行程中，只排一個景點和去處，為
的就是讓大人小孩都可以忘記時間的壓力，純然的遊玩和
停留在真正想多待一會兒的地方，親子自由行的慢遊，如
果行程計劃排滿滿，那反而會在親子間製造更多的緊張氣
氛哪！

4

飛上滑下的
史泰因瓦森樂園

Steinwasen Park

在玩樂的行程中,我們也處處可以看到德國人注重、徹底落實安全的觀念。許多看似刺激的遊樂設施,德國家長看起來反而很淡定的放手讓孩子去嘗試,去摸索,每一趟旅程下來,總是能帶給我們更多感觸和體會。

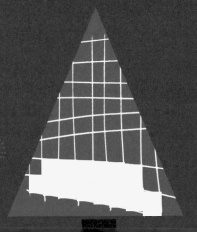

如果到南部黑森林自駕遊玩，強力推薦這個在黑森林中，自然質樸卻又好玩刺激的史泰因瓦森樂園 (Steinwasen Park)！過去幾年，我們每次去黑森林雖然都有拜訪不同的景點，但孩子們都指定一定要再到此一遊。即使是德國暑假期間，樂園裡的人絕對不及台灣六福村人擠人的一半或更少，有室內也有室外的遊樂設施，並且是從山下玩到山上，整個樂園都在自然的環境中哦！

　　若從黑森林入口大學城弗萊堡出發，往歐貝里德 (Oberried) 的方向開車不到半小時，就可以抵達這個佔據一小座山頭的樂園。樂園在夏天早上九點就可以入場了，傍晚六點關園，森林裡鄉下地方啊，玩一天回農場或城裡吃晚餐剛剛好的樂園大小。

一整座山頭的樂園設施

　　買票進入園區後有一小區室內的介紹可以走走看看，還有一個室內黑森林介紹小火車（在入口左側，很容易漏掉）。可別以為這個樂園就這麼無聊哦，一出了室外，一片無邊際的森林樂園便在眼前超展開啊！（但這區室內區＋小吃攤，可是夏日豔陽高照時唯一可以乘涼吃冰的地方了）。

從室外的入口一直延伸到山上，是一整座的山中遊樂園，可以選擇用徒步的方式慢慢散步。沿途每一個區塊，有像體能訓練的兒童遊戲場、有不同的動物棲息地、有小小的湖，有吊橋。若不想走路，也可以坐開放式的纜車上山，對於要坐手控雲霄飛車（Berg Rodelbahn)的朋友來説比較方便快速（尤其是想衝下來很多次玩個過癮的話！）。接近中午時間，在室內區小吃前還有小型的魔術表演。

對孩子們來説，舞台區旁一整片的原木設計遊樂設備，就夠爬爬爬半小時以上，拉都拉不走了。遊樂區不只在平面，而是往上延伸的，最上面還有一區砂石坑，對，不是沙坑，是砂石坑！但這砂石坑比在台灣遊戲場或公園裡看的沙坑還要乾淨，道具既好玩又逼真，還有非電動用手操控的怪手挖土機，讓孩子們必須雙手協調操控才能挖得起砂石！

不過如果一進樂園，小朋友們待在原木遊戲區拉不走就太可惜了！除了從山頂衝下的手控飛車之外，坐纜車上山的區域還有多種遊樂設施，這一區早上十點才開放，有六、七個遊樂設施可以玩。其中一個很受歡迎的飛濺河道 (River splash) 是坐

飛濺河道

船從水上滑梯上面衝下來的，一家四口坐不夠重，最好多一點
人一起坐才有甩尾的刺激感，所以如果有德國家庭想一起共乘
可別太拒人於千里之外啊！

　　而太空快車 (Space runner) 是在室內版的手控飛車，算是
很貼心的雨天備案（大小孩一人也可以坐）。如果不愛坐刺激
的設施衝上飛下，那麼坐纜車上山後沿山路散步下來，每一區
都有不同的動物，有些小鹿們會排在圍欄邊等著小朋友餵食，
也有一點都不懶，整座山頭跑來跑去的野豬。天氣晴朗時在森
林中漫步下山，或在纜車站高點的咖啡座悠閒地吃午餐午茶，
感受德國家庭假日出遊的輕鬆氣氛，是很不同於一般出國玩遊
樂園的經驗與享受。

旅行
——
便利貼

TRAVEL
NOTE

▶▶

史泰因瓦森樂園網站：(有英文版)
http://www.steinwasen-park.de/index.php

3 歲以下幼童入園免費，4-11 歲 19 歐元，大人 23 歐元。
除了開車前往之外，由弗萊堡出發也有直接前往樂園門口
的巴士可搭乘。如果有住到會發給住宿旅客黑森林小紅卡
的飯店，帶著小紅卡，可以直接免買票刷卡入園哦！

意外的插曲

　　第一年玩室外手控飛車時，發生了一個小插曲。

　　由於大部分手控雲霄飛車的車身座椅都是有椅背的，像樂園中的室內太空快車（Space runner）和室外的登山飛車（Coaster）就是典型有靠背的手控飛車座椅。不過，這回到了史泰因瓦森樂園上山的纜車終點站，往前走向手控飛車乘坐處時，只看到衝下山的兩個軌道，但是……咦？椅子呢？正茫然的我們，竟看到前面遊客神色自若地，走向一旁掛著像曬魚乾似的兩片黑色座椅，自己動手把椅子取下，然後緩緩走到軌道上把椅子放下……。

　　第一次看見這般光景時，完全不敢相信有這麼陽春、只有一支煞車桿子和兩片椅墊的座椅（一般有靠背的座椅，手控煞車在座椅兩側）！但陽春歸陽春，坐了這麼多次倒也從沒被摔出去過，兩片椅墊還能支撐一個大人一個小人一起衝下山，抵達終點後椅墊接著由輸送纜繩被機器運回山頂。

　　記得第一次嘗試這麼陽春的手空飛車時由於太驚訝又新奇，導致忘了摘下的遮陽帽，帽子在衝下山時被風吹得往山頂飛去，

在我後面一台車的老公和兒子就算看到也來不及撿（因為手死命地握著中間操控桿啊），我當時心想，「天啊！千萬別害了別人的車子翻車啊！」，衝到山下告訴車站人員這個悲劇後，他們一人邊看監視器邊用對講機與山上的工作人員溝通，一個工作人員專程從山上走下來幫我找帽子，幸運的在椅墊匯集的輸送帶底部找到，還好沒有任何意外，也真的是揪甘心的服務！

　　下山到最接近入口處的室內區前，有一些露天的餐桌座椅和一些簡易遊樂器材，夏天在傍晚出園之前，坐在餐桌旁吃冰休息，六點離太陽下山還早呢！孩子們逕自跑去跟德國小孩一起玩了，笑著轉著，在玩樂的國度裡，沒有語言的問題。

親子
觀察站

PARENTS'
THOUGHTS

雖然每一次在這樂園裡玩手控雲霄飛車，現場都只有一兩個工作人員在山頂協助，大家卻有秩序地拿椅墊，看前面的人衝下去間隔差不多了，再自行坐上去往下滑行，這種近乎無人管理的遊樂方式，實在令我有不小的感觸。

在其他黑森林區的遊樂設施也有同樣的情景，例如孩子也愛去的蒂蒂湖水上樂園 (Titisee Badeparadies)，每一個滑水道入口也都是自主管理，看到入口燈綠才能滑下，玩了兩次，也沒看到不守規矩搶先滑的狀況或意外發生。

但如果同樣設施在台灣，有可能做到少管理卻有秩序地進行活動嗎？一般民眾看到會不會第一個念頭是舉報管理不周呢？我推想，或許是因為對「安全」的重視和教育的不同。德國從孩子還小時，就將「安全」的觀念落實深入日常生活中，所以不論是設施管理者或是使用民眾，大家對於這些秩序的運作都有最基本的尊重與信任，如果有任何問題行為也都會立刻被旁人制止，自然而然這些運行就不是需要特別去監視，甚至要拿著哨子嗶嗶吹才能維持秩序的了。

Special
Feature

黑森林中的刺激體驗——

手控雲霄飛車

*Hasenhorn Rodelbahn &
Gutach*

你想像中的雲霄飛車是什麼樣子?刺激的90度垂直降落,還是驚嚇的360度翻轉?但不管是哪一種雲霄飛車,幾乎都是全自動化的機器操作,不過,來到德國飛車樂園,可一切都不一樣了喔!這全是標榜「手控」雲霄飛車的刺激樂園啊!

什麼？從高山上衝下來的飛車竟長的這麼陽春，而且還是由大人小孩自己控制速度，而不是電腦系統控制？

　　大部分的台灣朋友初次聽到都非常吃驚，更不敢想像長輩如果看到我們「價呢齁細」（台語：不知死活）會如何地勸阻了。不過第一次聽到德國朋友提到這個遊樂設施，我們可是迫不及待地躍躍欲試耶（憑著我們對德國人重視安全程度的瞭解，真的沒在怕）！在小兒子滿 4 歲那年，我們嘗試了第一次的手控雲霄飛車初體驗，並且一試成癮！之後每次造訪黑森林，便把黑森林中較有名的三座手控飛車場都一一玩遍啦！

德國最長的手控飛車

　　光聽到「手控飛車」，可別以為是像碰碰車一樣的小兒科哦！
先來介紹一下一般的德國手控飛車（Rodelbahn，也稱 Alpine
Coaster 或 Sommerrodelbahn 德文字義是阿爾卑斯山飛車
或夏日飛車，因為是夏天也就是沒下雪結冰時，才有辦法乘坐
的！）的結構和乘坐方式。

　　在南德有兩個號稱是全德國最長的手控飛車，其中一個哈森
豪手控飛車（Hasenhorn Rodelbahn）就在南黑森林！哈森
豪的手控飛車軌道長 2.9km，必須先坐纜車到山頂，再換乘手
控飛車或散步下山（也有人是運越野單車上山，再騎單車衝下山
坡的！），所以票卷有分上山下山的單乘票或來回票，使用小紅
卡可以免費乘坐上山纜車與下山飛車一次。如果是夏季天氣晴朗
時，不論上山或飛車下山都要排上一陣子的隊伍（呃，2015 暑
假保守估計也排了一個多小時，這在黑森林裡是相當罕見的長時
間啊），不乏許多由國外前來體驗的遊客，已經是國際級的觀光
景點呢！

　　另外還有一些其他地方的手控飛車，是必須在山下購買好門
票，並在山下就坐上飛車本體中，再由飛車底的纜繩將車子運送
至山上最高的起點。坐在輸送帶上送往山上的過程中，遊客是無
法控制車體的，唯一能做的就是綁好安全帶，好好欣賞眺望美麗
的山區風景，還有聽聽其他遊客衝下山的尖叫歡笑。

　　另一座很著名也很長的手控飛車位在黑森林中部的古塔赫

（Gutach），是我們第一次乘坐飛車的初體驗。一般遊客都是為了露天黑森林博物館（Vogtsbauernhof）所以造訪古塔赫，這裡像是一座傳統的黑森林大農場，其中充滿了一座座黑森林最經典的農舍，每間農舍裡有不同的傳統房舍和歷史陳列，配合著環繞的山景，在其中散步和進入農舍裡參觀，對城市中生活的大人小孩都是非常抒壓的體驗。博物館再往前走一小段路，就是一般外國遊客較少前往的手控飛車。我們的飛車初體驗令一家四口為之驚豔，並且在衝下來後又立刻買了一式六張聯票，這也是為什麼可以被拍到如此經過修飾、都知道照相機在哪的照片啦！

雖然陽春，卻安全好玩！

　　與南黑森林的哈森豪手控飛車相比，古塔赫的手控飛車就像是小兒科！

黑森林博物館

第一次乘坐時，我們雖然很仔細看了說明，但還是有點緊張，因為很難想像這台陽春的飛車可以從高處衝下來，而且竟然只靠每一個駕駛人的手控煞車（非常簡單的把兩旁的拉桿往上拉起即可）？！車上完全沒有像一般雲霄飛車綁緊緊的防護，也沒有外殼，就只是一張有靠背的座椅（史泰因瓦森樂園中的更誇張，是只有椅墊啊！）加上一條平常車內駕駛座的安全帶扣上而已。而兩人座的飛車前座，通常是小孩或負責尖叫的女生坐的位置，更是只有繫在腰上的安全帶。從山下抬頭望，根本看不到山頂上的起點，難道真的只要自己把手煞車拉起來，依序一個個衝下來就好了嗎？（哦，還要記得在有照相的地方對鏡頭微笑，你看照片中表情多正常又方向正確，那可是「多次練習」的效果！）

　　手控飛車的迷人之處，就是沒有雲霄飛車特意作成繞圈圈頭下腳上的驚悚感，而是非常直接地體驗速度和控制速度，順著山勢迂迴地不斷轉彎向下（而不是直直地衝下），有點像滑雪的感覺。因此在每一個轉彎處，都可以依自己的速度控制體驗離心力，就是那種像是快要掉出去的刺激感，規則上除了拉手煞車及年齡限制之外，大部分 3 ～ 8 歲小孩可在大人陪同下一起坐前座，8 歲以上即可自行操縱。

　　坐了這麼多次不同座椅設計的手控飛車，我們目前都沒遇過意外事故，每一次乘坐都感到相當有秩序，偶而的確有乘客滑行比較慢（這個問題真的比速度快要大啊），但起點放行的工作人員也會隨時控管軌道上的流量。

　　女兒超過 8 歲後，也進階獨自乘坐飛車了，過彎道時的速度

控制和長長近 3 公里的滑行中，甚至比一些成人觀光客還穩健鎮定，也沒有因為過慢或靠太近造成其他人的困擾。我不禁想到，或許當在看起來有相當風險的活動時，賦予適當的自主權而不是過度禁止限制，更能夠讓孩子知道要為自己的行為負責而更加謹慎，也更注重安全性的環境檢查，而這樣的經驗，也會影響到未來他們面對風險的態度。比起在台灣玩遊樂園的經驗，我很慶幸孩子們有機會接觸手控飛車的魅力，與近距離觀察體驗「安全」玩樂、自己負責的種種細節！

旅行
便利貼

TRAVEL
NOTE

乘坐手控飛車時，記得「和前車保持安全距離 25 公尺（若結冰時要 50 公尺）」和「不能太慢一直煞車」的規定。是的，和在德國高速公路上開車是一樣不能太慢的，試想若你前面的飛車不斷煞車，擋在面前一直不加速往下，比纜車速度還慢，一張 3 歐元以上的門票就要在龜速下降中說掰掰了，這還只是小事，但若造成後面大塞車，甚至來不及停下的追撞，那可就真的代誌大條了！

以下是南德各知名手控飛車的資訊網站（部分有英文版可選擇），其中有不少影片可以身歷其境感受一下這樣的快感！

黑森林區
Hasenhorn Coaster (Todtnau)：
http://www.hasenhorn-rodelbahn.de/
Gutach Rodelbahn (Gutach)：
http://www.sommerrodelbahn-gutach.de/

黑森林露天博物館：
http://en.vogtsbauernhof.de/

巴伐利亞山區
Alpsee Bergwelt：
http://www.alpsee-bergwelt.de/spass/alpsee-coaster/

5

歐洲第一大樂園
「歐洲主題樂園」

Europa park

德國好玩的樂園為數不少，但其中不僅好玩，又有適合所有年齡層遊樂設施的絕對非「歐洲主題樂園」莫屬！只要踏進這裡，無論你是9歲，還是99歲，都有適合你的設施或景點，所以才說是全家大小、老少都皆宜的主題樂園啊！

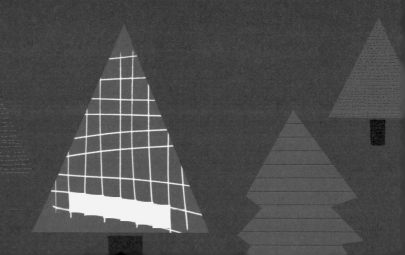

　　相信許多家庭海外親子遊的首選都是迪士尼樂園,而歐洲除了法國巴黎的迪士尼樂園之外,其實最大的主題樂園是在德國魯斯特(Rust)的「歐洲主題樂園」(Europa Park)。歐洲主題樂園的吉祥物也是隻老鼠,但有些人覺得這似乎是模仿迪士尼的偶像米老鼠,不過說真的,老鼠的確是德國人的摯愛啊(在德國,父母可是會親密地叫孩子小老鼠 Mäuschen 哦!)。

　　幸運的是,歐洲主題樂園所處的魯斯特就在中部黑森林區,跨

個邊境就是歐洲議會所在地的法國史特拉斯堡 (Strasbourg)。不論是從德國法蘭克福機場出發，或是以黑森林大學城弗萊堡為基地出發都不遠。雖然十年前在黑森林住了一年，我卻是等到兩個孩子都在台灣蹦出來快上小學，才首次到這個離弗萊堡只有不到一小時車程的主題樂園來玩。但是帶著稚子的玩法，和小夫妻兩人時的自由度和膽量（好吧，這才是重點）完全不同，現在想想，不禁有些懊惱怎麼沒有趁 30 歲前的那股氣勢去歐洲主題樂園體驗一下。

老少皆宜的遊樂園

歐洲主題樂園的人潮雖不像東京迪士尼樂園一樣多，但也不少。全區以不同的歐洲國家名稱劃分，每一區都有遊樂設施可以乘坐。夏天全園共有 13 種雲霄飛車，包括可以讓你清涼一下的水上飛車，還有 2015 年最新推出、戴著虛擬眼鏡體驗 4D 快感的阿爾卑斯快車。冬天則因為不適合水上活動以及安全因素，所以有幾項刺激幅度超乎想像的設施（如在樂園門口停好車就可以看到超長的 Silver Star 和 Blue Fire）無法乘坐之外，仍有 9 種室內外飛車可以暢快體驗在白色世界中衝刺的快感。

在這些雲霄飛車中，更有歐洲主題樂園第一座以木材建造完成的巨大雲霄飛車 Wodan，行駛在軌道上都可以聽見整座木架所發出的特有隆隆聲。雖然是木製飛車，但別擔心，made in Germany，仍是安全有保障的！除了傲人的雲霄飛車種類之外，也有非常多精采的表演和秀可以看，如果是帶著年紀較大、上小學後的孩子全家前往，沒住一兩晚是無法全部看夠玩夠的。

　　把刺激的説完了，要來分享一下我們真正的，比較沒有心驚膽跳爆血管的，帶著學齡前幼童的樂園體驗。

　　我們全家初次到訪歐洲主題樂園時，正好是德國春天的復活節假期，園區內飯店價格高又早已被訂滿，所以我們落腳在弗萊堡。從弗萊堡出發包含停好車走到大門口，大約是一小時。即使是人潮最多的時候，也不會像東京迪士尼那麼擠，熱門的遊樂設施也不太需要排隊排到一小時以上。

　　當時一個孩子即將滿 6 歲，一個才滿 3 歲，所以我們以幼齡孩童適合的格林童話森林為主，沿途經過有適合幼童一起玩的遊樂設施，再加上趁孩子在娃娃車上午睡時，爸媽兩人輪流去玩的，我真正只坐了兩三個遊樂設施。雖然園區非常大，但因為走沒幾步就有一個景點或設施，所以即使玩不到那麼多區，感覺上

也玩了不少。且園區內處處樹影扶梳，春夏有美麗盛開的各色花圃，也有造景恬適的湖水，一整天散步慢慢玩下來，絕對是個全家老少皆宜的地方。

因為正值復活節假期，園內有很多阿公阿嬤陪著孫子全家出遊，他們坐在湖邊或樹下野餐曬太陽，坐坐遊湖船，看起來也非常自得其樂。聽說冬天的歐洲主題樂園更精采，德國朋友的孩子在聖誕假期最期待能安排來此，整園在白色的世界中尤其入夜後更佳美麗，充滿了夢幻的燈飾與溫馨的聖誕氣氛。

對年幼的孩子來說，樂園在 2011 年新推出的童話森林，就夠他們留連忘返了。格林童話故事中的場景，睡美人的小古堡、灰故娘，還有敲門三次，就會有巫婆開窗出來的糖果屋等等，就像是走入童話裡，還有樂園的吉祥物穿梭著與小朋友們照相。女兒也在這一區體驗了第一次超專業的臉部彩繪，因為幾乎園內大部分的德國孩子們臉上都是可愛美麗的圖案，讓當時個性還很害羞的她也躍躍欲試，女兒畫完後連講話都小心翼翼，怕妝掉了，弟弟本來吵著要畫蜘蛛人，後來臨陣退縮（好家在，因為光是想到要怎麼幫他整臉洗乾淨，媽媽仍是心驚驚）。

歐洲主題樂園：http://www.europapark.de/en

帶著孩子去歐洲主題樂園，開車去當然是最方便的；搭德
鐵到 Ringsheim 車站後再轉搭入園巴士（德鐵還有推
出特別來回交通和樂園的門票套票哦）。或是可以從弗萊
堡出發，熱門季節時火車站旁的巴士站有直達的樂園巴
士，非常方便，但記得查閱最新發車時刻表。

無限貼心的園區服務

園內還有兩項令我感受很不同的規劃，值得一提。

雖然園區和飯店區內加起來共有近 60 處提供餐飲的餐廳或小
吃店，但在歐洲主題公園中，是非常歡迎大家自行攜帶食物野餐
的，甚至園內常可見桌椅野餐區，方便大家坐下享用自己帶的餐
點（不過孩子們也和德國小孩一樣，入園就一路啃扭結麵包，吃
小攤上的炸甜花生和巧克力都吃飽啦！）。從我第一次自己到東
京迪士尼樂園到現在十幾年間，大概去了五、六次，每次入園前
都要先檢查行李並且限制不准帶外食，在德國如果作了這樣的規
定，大概會被罷玩抗議吧！

還有另一項很貼心並且會讓爸媽超有感的規定，叫 Baby-
Switch，不是交換北鼻哦，而是讓需要照顧小孩的家長能「輪

流」玩一些刺激的、孩子不能玩的遊樂設施。第一位家長玩完下車，接手照顧孩子後，第二位家長不需要重新排隊，只要直接聯絡設施管理員，便可「快速通關」進去玩！沒錯，小小孩就是你的 Fast Pass！

　　不過這個優惠，當年我們沒有利用到，當我帶著女兒去坐 4 歲小朋友就可以玩的 Alpine Coaster 阿爾卑斯快車（那時尚無 4D 眼鏡）時，老公也沒閒著的帶著 3 歲兒子去坐木筏遊湖了。這也是我很喜歡這個樂園的原因，即使有那麼多刺激好玩、也有年齡身高限制的設施，但樂園裡總是能找到適合各種年齡的孩子，可以歡樂享受的不同去處。

親子
———
觀察站

PARENTS'
THOUGHTS

在這屬於孩子們的園區內,我最驚喜欣賞的,對學齡前孩子來說也是最過癮的一點是——很多遊樂騎乘設施是要孩子自己靠自己獨立坐上去的,部分設施甚至限制只有 135 公分以下的孩子才能坐!

像是兒童碰碰車(2015 年最新設施中似乎已改建成其他設施),坐小火車進入小矮人精靈世界,還有自動軌道車等,即使像兒子才 3 歲還不滿 100 公分,都有專屬可以「自己去冒險」的遊樂車可以坐,樂得他們一玩再玩都不想走了!

這種「只有我可以玩,爸媽不可以」的感覺,對孩子們來說又興奮又新奇,也是另一種獨立新體驗!除了會動的遊樂設施外,童話森林周邊還有許多像球池或室內滑梯等的遊戲點,有帶幼童前往的家庭光是在此區內活動,耗上一整天都不稀奇呢!

6

波登湖邊的
猴子山

Affenberg am Bodensee

喜歡親近動物似乎是孩子的天性,在德國旅遊的期間,我們有不少機會可以和大自然、和動物們相處;在波登湖畔的猴子山,我們看到最講究禮貌又可愛的猴子,悠閒自由的鴨雁和梅花鹿群……,而孩子們透過這樣和動物們互動的親身體驗,能夠更直接地學習尊重不同的物種和生命。

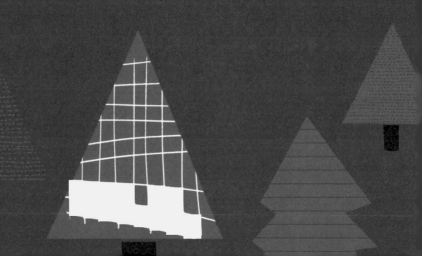

波登湖畔的小
鎮梅爾斯堡

　　嗯，按照編輯一開始跟我閒聊寫書內容後所想出的賣點：「一
個台灣人都看不到」的南德遊踪──那麼，猴子山 (Affenberg)
應該是最名副其實的地方了！

　　拜住在德國的日本朋友真奈美所賜，在女兒滿周歲後沒多
久，我們重遊黑森林時，真奈美邀請我們一家三口去波登湖
(Bodensee) 過夜遊玩，並且特別推薦了猴子山這個小而美的生
態園區。之後只要我們的德南行程是從黑森林往東走，自駕開車
去巴伐利亞各處遊玩，再從慕尼黑飛回台灣時，波登湖上的這個
景點，就是我們全家長途開車時最不二選的中繼休息遊樂站了。

超人氣生態園區

　　説到波登湖，這個德國南部最著名的渡假勝地，大部分的台灣遊客或旅行團可能不陌生。波登湖雖是淡水湖，但根本就大的像海一樣，位處於德奧瑞三國的交界，其中有非常多景點，歐洲人來渡假沒住個一週是不會走的！如果停留波登湖區的時間較長，如童話般的小鎮梅爾斯堡 (Meersburg)、最熱門美麗的花園島 (Mainau)，以及港口和古城區皆美的阿爾卑斯之路起點林道 (Lindau)，都是值得細細品味遊覽的地方，不過如果在夏天渡假旺季到這些景點遊玩，沒開車的人擠人，有開車的太陽下塞車塞上半小時，真的也會少了些渡假 Fu。

　　猴子山在波登湖上方一個名叫薩倫 (Salem) 的小地方，通常我們的行程若是由黑森林往巴伐利亞前進，到新天鵝堡、楚格峰或是國王湖等阿爾卑斯之路上的景點，不停開車至少要四、五個小時左右，薩倫大約正好是在路程一半的中間點。早上由黑森林區出發，中午前到猴子山園區，大人伸展走一走、小孩放電玩一玩，吃個中餐稍作休息，下午孩子在車上一路睡，爸媽開車趕路靜靜欣賞阿爾卑斯之路的美，大概正好傍晚前可抵達巴伐利亞的下個住處，just perfect！

入園後的遊樂場

猴子山其實不是一座山，算是一個生態園區。從入口處開始，
就會看到許多白鸛鳥築在屋頂上的巢，巢中或坐或站著的，正是
在卡通影片中常會看到送子鳥外貌的白鸛，這在台灣是看不到的
鳥類，對大人小孩來說都很新奇！

入園需要買門票，停車免費，入口處有一個自助式餐廳販賣簡
便的德國餐點。另一邊則是一個可能會讓親子同行的家庭無法順
利入園的地方：遊－戲－一場！裡面有各種平衡木、滑梯、鞦韆，
甚至沙堆等等各種令孩子流連忘返的木製遊樂設施，如果不是聽
到入園後可以餵猴子吃爆米花，根本沒法把小孩從這裡拖走啊！

講究禮貌的餵食體驗

什麼？猴子吃爆米花？是的，從餐廳建築物區買門票進入後，
突然眼前一片自然水池生態園景超展開！池裡有多種野雁，天鵝
等自由低飛划水的鴨科動物。沿著池邊的道路往前直走，就會進
入猴子的專屬園區。這裡的猴叫巴巴利獼猴 (Berberaffen)，也
有人稱地中海獼猴。

在猴園入口，會有工作人員發送免費爆米花（不過沒有容器，

大家各憑本事塞滿口袋或兜在衣服上），這就是園內規定可以餵
給猴子吃的食物，其他的食物不可以哦！女兒1歲時坐在娃娃車
裡，第一次去開放式動物園，還要用手親餵猴子，媽媽我比她還
緊張，入園前腦裡想到的盡是高雄萬壽山猴子與人搶食的新聞。
但出乎意料，猴子山的猴子們可是很有教養的，只要每次拿一顆
爆米花伸出手，牠們也會靜靜的伸出手接。想吃爆米花的猴子們
多半坐在遊園小徑兩旁的木欄杆上，看到人拿出爆米花牠們才會
伸手，是不會巴著人或擋路要食物的。

1歲的女兒就這樣坐在娃娃車中，新奇地與猴子第一次面對面
接觸，餵食成功！也有一些猴子就靜靜的坐在給遊客們休息的路
邊木椅上，但比較需要注意的是，猴子們（其實應該大部分動物
都是哦）若是感覺遊客太靠近又直盯著牠看，會覺得受到威脅，
可能會因此開始作勢（疵牙裂嘴貌）表示不高興，這時就要小心
點了。第二次帶著3歲頑皮的兒子入園去時，兒子給了爆米花
後，很想看看猴子是不是真的吃完了，身高又正好和猴子坐在欄
杆上的高度差不多，就這樣好奇地歪頭靠近看，像是湊上臉去盯
著人家瞧一樣，這時猴子大哥就不開心裂嘴發出怪聲了啊！不過
在我們立刻制止兒子的不禮貌舉動後，猴子大哥又沒事狀地坐在
欄杆上，看向他處（懶得理你的意思，哈），等待下一個遊客
經過餵食。

　　孩子們都對於這樣的近距離接觸和餵食興奮極了！除了猴子區，還有另一側草地上的梅花鹿群（只能遠距離欣賞），悠閒地跟著自由的鴨雁們繞著水池逛逛走走，整個園區可以在兩小時內很悠閒地漫步逛完。春天時，停車場旁道路另一側盡是一大片的黃色油菜花田，非常美，也是難得可以停下留念的美景哦！

　　回到一開始說的賣點，不要說是台灣遊客了，我問了幾個住南德的朋友，有些人即使聽過也沒有來過猴子山呢！大概是因為波登湖區的景點太多了，不過作為一個親子自駕遊、從德國南部西邊玩到東邊的中間點，這個小而美，有遊戲場可以讓孩子們活動筋骨，又有地方可以坐著午餐，還可以體驗近距離與動物接觸的園區，應該會是非常難忘的一個休憩點。與自然和動物們互動體驗完，就準備上路往巴伐利亞的阿爾卑斯之路前進囉！

旅行
便利貼
TRAVEL
NOTE

猴子山網站：http://www.affenberg-salem.de/

除了自駕外，也有巴士可以從鄰近火車站轉乘到達猴子山，不過如果是專程要前往，建議不如就在波登湖區多住幾天，多玩幾天吧！

走過近一世紀的
「阿爾卑斯山之路」

Alpenstrasse

聽到阿爾卑斯山，大家心裡一定會浮現廣闊大草原上雪白羊群，雄偉山景和可愛少女小海蒂的畫面，但這麼大一座山脈，「阿爾卑斯山之路」究竟在哪裡呢？

位於南德的「阿爾卑斯山之路」是德國政府歸劃出來的一條旅遊路線，至今已有 90 年歷史。東起巴登湖畔的林道，西至德奧邊境柏特斯加登，全程約 450 公里，風景絕美！許多著名景點：新天鵝堡、楚格峰、加帕雙子城山區，一直到國王湖區，都在阿爾卑斯山之路的範圍內喔！

PART

3

1 林道

霍恩史旺高 新天鵝堡

2

3 林登霍夫宮

8 米

克朗次山

10

楚格峰

9

阿爾卑斯山之路地圖

①**林道**：阿爾卑斯山之路的東邊起始點。

②**新天鵝堡／霍恩史旺高**：新天鵝堡位於霍恩史恩高，是舉世聞名的觀光景點。(P.139)

③**林登霍夫宮**：路得維希二世唯一真正完成的城堡。(P.141)

④**國王湖**：以明信片上紅白教堂的風景出名。(P.147)

⑤**上湖**：仙境般的夢幻景點，大推！(P.149)

⑥**貝希加斯登**：一般遊客遊國王湖的留宿地區。

⑦**鹽礦樂園**：鄰近貝希加斯登，一座物超所值的樂園！。(P.158)

⑧**米特瓦德**：德奧山脈間，值得細細品味的小鎮。(P.172)

⑨**楚格峰**：德國最高峰。(P.163)

⑩**克朗次山**：可搭乘纜車上山，擁有整座環山遊覽園區。(P.175)

⑪**施華洛世奇水晶世界**：讓全家留連忘返的創意園區。(P.182)

Neuschwanstein

進入阿爾卑斯山之路的第一站，迎接我們的就是舉世聞名的新天鵝堡，建堡兩百多年來，吸引全世界無數遊客前來朝聖，我們一家四口當然也不能免俗的帶著湊熱鬧，不對，是景仰的心情踏上前往的路途！

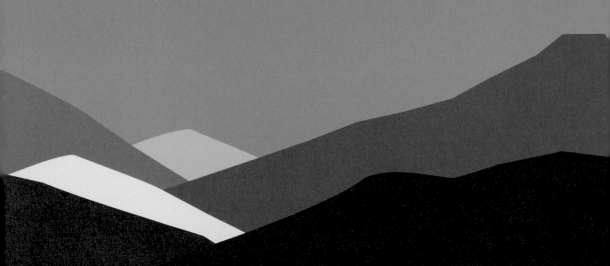

　從波登湖東邊的美麗港口城市林道開始，往東前進，就開始了德國著名的阿爾卑斯之路。沿途有太多值得細細遊賞的名勝：新天鵝堡、楚格峰、加帕雙子城山區，一直到國王湖區，許多旅行團會安排一日一處的行程，但我們帶著孩子慢慢玩，共分了三次到德國，走在這條路上細細品味阿爾卑斯山脈和各景點的美。

　離開波登湖後，將近兩個小時的車程進入巴伐利亞，第一處抵達的霍恩史旺高 (Hohenschwangau)，是一般人最嚮往的德國景點——新天鵝堡下最近的小鎮。有趣的是，從下了高速公路之後，必須多次進進出出德國和奧地利才會到這一區，但別緊張，只需要跟著路上看到的指標轉換國界，是不用通關的啦！

第一天從波登湖區開車到飯店已接近傍晚，晚餐前，我們帶著孩子散步到飯店附近的阿爾普湖邊 (Alpsee)（2011 年夏天，湖邊又蓋好一座新的博物館——巴伐利亞國王的博物館，可惜那年我們是春天到訪）。那是個很美很舒服的傍晚，或許是我們對城堡區最美最有印象的回憶。時間靜止，四周寧靜又美得像幅畫。之後孩子們堅持回到住宿的飯店晚餐，好好吃了頓道地的南德料理，晚餐後很方便地上樓休息，渡假的感覺就該這樣吧！如果是跟團當天參訪新天鵝堡，應該不會有機會走到這座湖邊，如此錯過這麼美的景色，多可惜。

謎樣國王與他的城堡們

路得維希二世在 18 世紀當了二十幾年巴伐利亞的國王，他悲劇又謎樣的晚年在此不再贅述，但無論個人的評價如何，他花大錢興建的城堡們（新天鵝堡、林登霍夫堡、基姆湖男人島上的新宮殿），可是現代德國南部遊客最多的景點。對孩子來說，新天鵝堡的形象還代表了迪士尼，所以為了滿足孩子們（當然還有我）想一探灰姑娘與王子發生羅曼史的城堡原型，便有了這趟城堡之旅的安排。

為了一早就能上山看城堡，我們選擇住宿在新天鵝堡山腳下的霍恩史旺高，而不是一般遊客會選的弗森 (Füssen)。住弗森唯一的好處是城裡有很多可以逛的店，但如果一早要上山，尤其是帶著幼童的家庭，吃早餐勢必就得花去不少時間，還必須先到城堡下的售票中心取票，再排隊坐馬車上山（亦可搭巴士或徒步），這些都很花時間，所以住在城堡下的霍恩史旺高小鎮這一區，可

霍恩史旺高的旅館街

新天鵝堡望出去的
巴伐利亞平原

以省下不少時間，更不用說我們訂的飯店就在票亭旁邊了。

　　但為什麼要一早就上山呢？因為山區的天氣多半是早上比較有陽光，而要欣賞城堡，當然要看到全景才美啊！趁觀光團還沒完全湧入的時段，城堡內部和瑪莉安橋 (Marienbruecke) 也才不會處處人擠人。況且又要帶著兩個必須睡午覺才比較穩定的小孩，當然要趁著晨光上山囉！

貼心
小叮嚀

TIPS

新天鵝堡的門票可以事先在網路上訂票，避免現場買不到，因為每一場的入園場次都有限定人數。在訂購表格填上大概希望參觀的時間及選擇希望有中文語音導覽後，票務人員會回信安排好一個接近的時間（如果還有名額的話），並附上一張購票證明的檔案供取票時使用。將購票證明自行列印出來後於參觀當日拿去票亭，才可以換取真正的門票（印有確定參觀時間和梯次）。

極盡奢華的新天鵝堡

從山腳到山頂城堡的路程並不遠，喜歡走路的人可以當作健行，但考量到孩子年紀太小，還要保留參觀城堡的體力，因此第二天我們選擇搭乘馬車上山！

造訪當日是個晴朗的早晨，票亭取完票後，往前走到老牌飯店 Hotel Mueller 前，就可以看到停靠馬車的地方。這區其實有兩個城堡，除了新天鵝堡，另一個是由老國王蓋的舊城堡（黃色外觀）規模比較小，由於怕孩子連看兩個城堡沒耐性，所以我們只訂了參觀新天鵝堡的票。票上註明進入參觀的時間是早上 9 點 50 分，建議爸媽可以提早一點去找馬車，若晚一點連坐馬車也得大排長龍囉（坐巴士更不用說了，因為較便宜人更多）！我們大約 9 點左右出發找馬車，馬車並不會直接開到城堡大門口，下車後必須再往上爬坡 5 分鐘，然後，美不勝收的巴伐利亞平原美景就會毫不留情的映入眼簾，這時猛然一轉身，就會看到新天鵝堡在眼前囉！

網路上很多旅行討論區裡，都會勸遊客不用花錢進到城堡內參觀，但既然都花了機票錢車錢來到這裡一趟了，不入內參觀等於是到了寶山不挖寶的意思啊！況且，參觀城堡裡的房間及擺飾，應該會讓整趟參觀體驗更完整（真的超華麗）！尤其，孩子們的好奇心會想知道是誰住在城堡裡、國王睡覺的床長什麼樣子、公主在哪裡（當時六歲的姊姊問的）、他們在哪裡吃飯……，這些可都是只看城堡外觀無法感受到的！如果只要看城堡外觀，那不如看明信片就好，何必大老遠跑這一趟，也不用擔心天氣不好，

拍到陰森森地城堡呢！

　　城堡內部不能拍照，但有各國語音導覽，因此在訂票時需要先預定。每個人拿著導覽機，走到每一個房間，語音就會開始說故事。10 年前拜訪時的導覽是真人唸的，現在來打工的年輕人錢比較好賺，因為每走到一個房間，導覽員只需要說兩個字 "Now, listen!" 就可以了。城堡參觀完，走到最後紀念品店及餐廳的區域時，有個可以眺望老國王的舊城堡和山景的陽台，只能說這座由路得維希二世所蓋的城堡，其位置視野和奢華程度，真不是老爸比得上的。

照片右處即為舊天鵝堡（老國王的城堡）

從新天鵝堡往外看
瑪莉安橋

不能遺漏的瑪莉安橋

趁著天氣好,到新天鵝堡一定要再上去瑪莉安橋!瑪莉安橋在城堡後方,從橋上可以拍攝到新天鵝堡的全景,所以盡責一點的觀光客是一定要去拍個到此一遊照的。有些旅行團則是省略參觀城堡的行程,直接搭乘小巴士上山到瑪莉安橋,沒參觀城堡,但讓大家在橋上拍完與城堡的合照以示到此一遊後就走人,這也不失為一種有效率的打卡方式啦!

從新天鵝堡開始,算是要爬上一個山坡,才會到達瑪莉安橋,當年才剛滿 3 歲的兒子就這樣跟著走完整座城堡導覽,還繼續跟著往上爬,一路上我們母子賽跑看誰能走在最前面,玩鬧一陣,不到十幾分鐘就爬到橋邊囉!在看見鐵橋之前,我們在路邊遇到一個很拼的賣藝人,一邊彈著有趣的古琴,一邊吟唱詩歌(或許是國王的故事?)。小朋友看呆了興味十足,這也算是給他們努力爬上山的獎勵吧,當然他們也給了賣藝人一點獎勵哦!

在橋上滿足地東拍西拍後,我們決定走專用步道下山,全家慢慢在森林裡散步下山。舒活森林浴的下山途中,竟然遇到兩三團騎著單車走山路爬山的德國人,真是不得了,那坡度再加上小石,人和車都很厲害!下山路程慢慢走(以帶著小孩的速度)大概要半小時,並不會太吃力,孩子們到了山下看到剛才搭乘馬車的飯店時,也都很興奮自己完成了走下山的壯舉。下山時已是中午十二點多,天氣慢慢開始轉陰,山區的天氣就是這樣,等到午餐完回飯店讓孩子們午睡時,整整下了兩小時的雨,還好我們是早上乘著美好的陽光上山看城堡哪。

新天鵝堡山腳下的 Hotel Alpenstuben 有四個床位的家庭房，可以睡得很舒服，陽台外視野很好，孩子們都很喜歡這裡，喜歡到指定每天的晚餐都要回飯店一樓的餐廳吃！

我們在這停留了兩個晚上，一般台灣遊客大概都只停留一個晚上，但由於帶著孩子，所以旅途安排上盡量不要天天換飯店，一來是比較悠閒，二來是爸爸比較不會太早陣亡，因為這些比較有歷史的飯店大多都是沒有電梯的！行李要自己扛上扛下，而像這間飯店的家庭房在三樓最高樓！好家在抵達時，櫃台有一位壯丁幫忙，不然扛兩咖行李共四十幾公斤上三樓真的很吃力，住兩晚起碼可以多休息點再扛下來。

鐵橋前遇見的賣藝人

唯一蓋完的城堡──林登霍夫宮

　　隔天要離開的早上，趁著吃完早餐時間還早，我們又再去參觀了鄰近的林登霍夫宮 (Schloss Linderhof)。 當初規劃行程時雖沒有把這一站算進去，不過林登霍夫宮剛好在前往國王湖住宿區（Schönau am Königssee）的路上，從霍恩史旺高開車出發，大約不到一小時，就抵達悲劇國王蓋的第二座城堡了。

　　這座城堡難怪只被取名為林登霍夫「宮」，因為格局和新天鵝「堡」相比起來確實小很多，但據說這裡可是路得維希二世唯一真正完成的一座城堡喔（新天鵝堡裡有部分是未完成的，但參觀導覽不會感覺到）！我們因為沒有先作功課，也沒打算停留很

久，碰到票亭就很乖地買了票，若只在庭園裡拍照，不進去宮殿內部參觀（真人英文導覽），是不需要買票的哦！

通過票亭後要漫步過庭園，才會抵達宮殿前的噴水池花園。這位國王除了很奢華之外，還很先進，宮內竟然還有一個會從一樓升上來送餐的餐桌（這部分只有聽解說，看不到實際操作），在那個年代真的是非常嬌貴又前衛啊！小朋友最喜歡的則是參觀結束後，樓梯中的一個密室，但其實穿過密道走出去就發現紀念品店正在眼前等你繳費呢！

走出林登霍夫宮的出口後，宮殿後方還有一個噴水池和花園，此時已經將近下午一點，竟然烏雲密佈開始滴雨了。距離停車場還有約十分鐘以上的步道，我們開始邊走邊看馬看花四處晃晃，邊把能吃的都拿出來當午餐，準備撤退上車，也因此倉促間錯過了園內的迷你清真寺，和華格納歌劇唐懷瑟的鐘乳石洞（路得維希國王是華格納的頭號粉絲兼密友）。這個鐘乳石洞是我回台後研究後才發現的，這個國王真的是太誇張太享受啦！不知道還有沒有機會再遊林登霍夫宮，我很想看看這個國王用來欣賞華格納歌劇的鐘乳石洞，早知道就鑽進去裡面躲雨啊！

親子
觀察站

PARENTS'
THOUGHTS

遊覽風景名勝,帶著幼子的父母常會非常依賴推車,因此有時候即使孩子想下車自己走和跑,家長為了控制好時間和管理,仍限制孩子留在推車中,雖然心中知道孩子想跑想走想跳,但一想到有時間的壓力和必須時時刻刻眼睛盯著孩子,推著走往往是雖然無奈又較輕鬆的選擇。

在新天鵝堡的這一段路上,我們讓 3 歲的弟弟自己走,主要原因當然是爸媽懶,哈,因為一來知道一路上的山路和坐馬車帶著推車其實更麻煩;二來,我們這一天除了參觀城堡,並沒有安排其他要趕路的行程,即使孩子慢慢邊走邊玩,也沒有時間壓力。而事實證明,即使才 3 歲,小小走點山路,沒有趕時間的走走停停玩玩,有得看有得玩,再適時補給一些熱量(我們隨身帶著香蕉和小糖小餅),這樣的散步健行對孩子和家長來說,反而是全程最享受的家庭時間,以及往後回味時最鮮明的回憶!

而對自己竟然走一走玩一玩,就順利下山的孩子們來說,更是覺得自己像「爬了一座山」一樣的厲害,在旅途中一點一滴靠自己的力量完成的小事情,在父母眼裡雖然不算什麼,卻能讓孩子心裡相信自己是可以走,也做得到的!

2

享受國王湖區的
仙境風景

Koenigsee

阿爾卑斯山之路上，除了歷史悠久的城堡古蹟之外，更有像明信
片上美到讓人以為是畫出來的人間仙境，國王湖區就是這樣一個
地方，來到此處的旅客許多是被這裡的美景深深吸引，按捺不住
特來一訪究竟的呢！

　　常看德國風景月曆或介紹德國十大風景的讀者，幾乎都有看過一張有紅白教堂在湖邊的美景照。想著親臨此景好幾年了，終於能有機會親眼目睹、感受國王湖的美。

　　出發前，我們在台灣的自助旅行網站上，發現大部分台灣旅客都只在國王湖停留一兩個晚上，且多半都是入住國王湖旁邊的幾家飯店，或是去住貝希加斯登（Berchtesgaten，離國王湖最近，有火車站抵達的小鎮）。由於原先我們在計劃行程時，一來打算帶孩子到車程只需不到一小時的奧地利薩爾斯堡(Salzburg)，一圓電影真善美的場景之夢；二來秉持「慢遊」精神，實在不想更換太多住宿地點，住多天一點，老公也不用搬行李搬那麼多次（此句在多篇文章中提及，強調老婆的貼心）。於

是雖然行程中只有一天會遊國王湖，但我們還是選擇了在國王湖
附近山區的民宿 Pension Hochödlehen，當作據點，停留三
個晚上。

探訪湖岸人間仙境

　　很多旅客或旅行團遊國王湖時，常常礙於時間不夠所以
只遊了一半，意思是只坐船到這座著名的紅頂白教堂 (St.
Bartholomä) 便打道回府。但許多人不知道的是，其實只要搭
船到下一站薩雷（Salet），下船後再散步一段路，便有個更與
世隔絕、如仙境般的地方──上湖（Obersee）。

　　由於我們打定主意一定要前往上湖，所以很早就出發去坐船，
希望中午前可以遊完上湖再回到紅白教堂。當然也是因為山區天
氣通常下午就變天了，陰雨之下，除了月曆風景變調之外，帶著
小孩要散步健行也比較難活動。於是我們一早在國王湖碼頭旁的
停車場停好車（住宿湖區民宿通常會發一張渡假卡，過卡片停車
費可以有小折扣），步行約五分鐘，就會看到國王湖的清澈湖水
和渡船售票口了！這條街上沿路都是商家和餐廳，湖邊飯店就在

這條路的盡頭，喜歡逛街的人住這裡應該是會蠻開心的！

在碼頭買好到薩雷的票後（去程或回程可以在紅白教堂 St. Bartholomä 下船停留），就等著九點開船。湖水好清好綠，山中除了水鴨的叫聲沒別的聲音，不過我家兩個小孩一來算破壞了這份寧靜，必須不時提醒他們輕聲細語，彷彿一大聲，就會吵到了仙境裡的仙子似的。

船開後沒一會兒，就開到了抵達紅頂白教堂之前很重要的一站——收錢站！這時船上有一位船員會把窗戶打開，對著山壁吹小號，讓嘹亮的回音再傳回到船上。不少美國遊客會很大方地掏出小費，這是只有去程時才會有表演。不過我們這一趟的表演者，感覺沒有睡很飽，有點敷衍的感覺，哼！（收起錢包）。

此時快接近 St. Bartholomä，映入眼中的景色絕對已值回票

薩雷簡易下船處

價！如果在這一站就下船，還取不到這樣的景啊，一定要在船上
才能感受大自然如此巧妙地色彩搭配：藍天、白雲，和春天時在
山中若隱若現的山嵐，翠綠的樹和碧綠的湖水，加上畫龍點睛的
紅白教堂，一切盡在不言中。

　　與這樣的美景暫時道別後，我們在薩雷下船。下船處沒有什麼
特別的指標景物，只有碼頭旁的洗手間，真正的美，還要往山裡
面再走一點！

療癒人心的世外桃源

　　從碼頭走到上湖，慢慢散步大概要三、四十分鐘左右，但沿途
的山景和小溪的呼應，絕對會讓人忙著按快門，除了世外桃源，
還真不知道能怎麼形容這裡的景色。

　　上湖的湖面沒有國王湖寬廣，但被群山擁抱著，更有一股神祕
和寂靜的美。這時接近十一點多，天空中的雲層漸漸聚集，若過
中午再坐船返回可能就要遇上大雨了，所以我們並沒有在此停留
很久。但這一來一回，再加上湖邊為美景出了神的逗留，差不多

也快要兩小時！若遇夏天天氣較好時，建議可以沿著湖邊多走一些，在林蔭的湖邊，就算坐著發呆都極具療癒效果。

下船後孩子們就開始叫餓了！拿出從民宿早餐裡打包的麵包夾火腿，再加上一罐玉米粒，全家在草地上開始野餐！3 歲的兒子這天堅持要以男兒的氣魄幫忙揹行李，所以要負責揹水、食物，還有野餐墊，中途雖然一度想放下重擔，但最後真的揹完全程，真要為他拍拍手！

不過別以為對著湖水坐在草地上野餐很詩情畫意，草地不遠處似乎有牛便便遍布，很多小小的不明飛行物靠近，最後只能投降坐到步道旁的木椅上才能好好吃完點心（對，只是點心而已）；但其實再往前走一些，也有一間遊客不多的餐廳可以考慮，也有湖區的特產烤鱒魚可吃。

印象中只要德國有湖的地方，好像都有鱒魚 (die Forelle) 這道名菜可吃（背景音樂：舒伯特的鱒魚），黑森林的蒂蒂湖旁也有，雖然一整條的魚在台灣是很常見的，不過在德國大部分的魚料理，都是看不到魚頭魚眼的魚排，所以這種山中景點可吃到整尾有具體形象的魚，對歐陸遊客來說還蠻稀奇的哦！

我們在下雨前趕回紅白教堂 St. bartholomä，趁還有一點陽光時吃了頓豐盛的鱒魚餐。孩子們知道教堂後有遊戲場，吃得特別起勁，吃完等不及就往遊戲場衝，雖然下著小雨，但穿起雨衣仍舊繼續玩（對學齡前孩子來說，這才是玩啊），帶年幼孩子出來旅行，我們通常都會注意或詢問兒童遊戲場（德文

Spielplatz）在哪，大人覺得孩子是在玩、在釋放體內儲存的電力，但對小孩來說，去遊戲場玩個半小時，才是他們「心靈上」的充電吧。

當我們坐船回到票亭碼頭區時，才一下船就下起了傾盆大雨，孩子們原本很高興的在路邊玩一個投幣式的伐木工人遊戲（投錢看電動的伐木工人鋸一段真的木頭下來，木片滾下來之後可以蓋紀念章帶回家），最後我們是穿起雨衣看完，趕快躲進旁邊的商店街，等待雨勢減弱。這一年南德行最重要的景點終於圓滿達成，即使花了一整天的時間仍嫌不過癮，但接下來還有更意外有趣的行程，是讓人想下次在國王湖區待上一個月好好渡假的呢！

國王湖區的夢幻民宿

國王湖附近山區住宿，用 Schönau am Königssee 的地名搜尋民宿 (Pension) 或渡假公寓 (Ferienwohnung)，會有不

少選擇，大部分是需要自駕開車才能到的，但視野和環境就像是住在農場上一樣，非常舒服自在。

　　我們透過訂房網站 Booking.com 找到了這家 Pension Hochödlehen，後來陸續又推薦了許多自駕前往國王湖的台灣朋友們，大家都非常滿意。這間民宿真的很民宿，復活節假期間，和我們同時住宿的也不過另外兩組客人，最後一天要 check-out 時，老闆娘叫我們把鑰匙插在門上就好，因為她要出門去薩爾斯堡購物，所以最後我們離開時，民宿只有一隻老狼狗目送我們離去，有夠自在的。

　　當初選擇這間民宿，有幾個重要的決定因素，一是免費全區 wifi，二來是有小孩的遊樂場。尤其在我們抵達後發現，這小孩可以遊樂的場所，不只是那幾樣遊戲器材，而是一整片的山頭啊，往山上跑去，竟然還有養著一圈的羊，從山上往下望，民宿看起來好夢幻，小孩們覺得自己都是小天使（Heidi），老公作夢想轉行當獸醫，我也開始想像乾脆來這裡開民宿就可以一直留住這片綠。

　　比起住在熱鬧又很多商店的貝希加斯登或國王湖碼頭旁，住在這山區很寧靜，看出去的視野也開闊很多，開車五分鐘就可以到貝希加斯登去各個超市買菜買食物，實在沒必要去住那裡人擠人。（當然對沒有開車的人來說，貝希加斯登會比較方便，但因為它是座山城，在那裡移動也要靠車子才不會上下縱走太累！）

　　民宿的早餐是一般德國鄉村水準，有麵包有果汁飲料有各式火腿起士，也有白煮蛋，我們每天早餐吃飽飽後，還帶個夾好火腿的麵包一起出門，怕孩子在找到午餐前就肚子餓。每天下午去一趟超市買菜，共煮了兩天的晚餐；停留在民宿期間，第一天剛到四處散步閒晃，第二天遊國王湖，第三天到奧地利薩爾斯堡和貝希加斯登的鹽礦山樂園，本來有空檔想開上鷹巢去，沒想到鷹巢要到夏天六月後才開放，要前往鷹巢的朋友可得注意開放時間。

　　國王湖區可以看的景點和休閒娛樂還不少，建議多安排停留幾晚，也可依天氣狀況調整遊湖的時間。

國王湖區民宿網：
www.koenigssee.com/ferienwohnung-am-koenigssee.htm

親子
觀察站

PARENTS'
THOUGHTS

從孩子較常自己步行走路開始，我們出門總會為他們準備合身的小背包，當然最初也常會變成大人得幫忙揹，小孩累了不想再負責「自己的」行李的情形，但隨著他們年紀漸長，責任心也會越來越「延長效期」。

從國王湖薩雷下船處走到上湖來回的路程上，我們一路慢慢走加上湖邊休息野餐的時間，花了快一個半小時，3歲的兒子在這一路途上第一次自己從頭到尾揹背包，當他看著我們坐的野餐墊和食物都從他的背包取出（當然我們也很貼心的盡量吃光！），自己也感到很有成就感。

從這趟行程之後，孩子們越來越常在旅行登山時，全程管理自己的背包，我們大人的裝備，也越來越輕鬆囉！

Special
Feature

用更好玩的方式長知識：

鹽礦樂園

Salzbergwerk

無論是自己一個人或是有伴相隨，旅程中總會出現意想不到的時刻，可能是錯過班車、可能是吃到令人一生難忘的美食，更可能是排好的行程，卻意外的無法成行⋯⋯，但這也是無論大人或孩子都能透過旅行學到的一課──有彈性地接受變動並無論何時樂在其中。

薩爾斯堡米拉貝爾宮花園

　　原本在國王湖區停留的第三天，是我們期待已久的著名電影真善美薩爾斯堡之旅，從國王湖區開車前薩爾斯堡只要半小時，當初規劃時很興奮地排了一整天的時間給薩爾斯堡，幾位旅遊達人的文章也都仔細拜讀，但沒想到，盤算了半天卻抵不過天公伯不作美，前往薩爾斯堡的一路上都是綿綿細雨，我們只好濕搭搭地在薩爾斯堡逛了米拉貝爾宮的花園，吃了一頓躲雨的午餐後，大家就都意興闌珊地想折返了。

　　經過一早的折騰，下午小憩後，我們決定前去貝希加斯登附近聽說不錯玩的鹽礦樂園 (Salzbergwerk) 試試，還好有去！兩小時下來，全家都玩得好開心，凡是來到國王湖區，就一定要大推一下這個一票到底的超好玩樂園！

鹽礦樂園入口處

入內請著裝！

　　Salz 是德文中「鹽」的意思，鹽礦樂園是座將鹽礦和各種關於鹽礦採集的介紹，完整呈現在遊客眼前的知識館。呈現的方式充滿樂趣又多變化，加上各種遊歷鹽礦的交通工具，根本就像是在遊樂園裡坐的遊樂設施，而且還不用排隊等喔！

　　買完門票之後，所有遊客都必須換上特殊的礦工衣服。換上工作衣可以保護遊客在礦坑裡不會弄髒弄濕弄破自己的衣服，而且 Cosplay 參觀更有 Fu！除了大人以外，即使兩、三歲小童也有專門的尺寸哦！派衣的工作人員只要瞄一眼，就可以非常專業地選出最合適的尺寸。

　　第一個遊樂設施，哦，不，是第一項交通工具，是必須跨坐的礦坑軌道車，工作人員會很貼心地幫每一家照相留念，最後他們才能賣相片賺錢，你說這跟乘坐樂園設施不是沒什麼兩樣嗎！這

時候也同時會發下語音導覽，其中有中文可以選擇，等一整車的
人都坐穩後，車子就「咻一」地出發囉！礦坑車的車速比想像中
快，很像黑暗中的雲霄飛車（但是仍沒有迪士尼太空山那麼刺
激啦！），因為車子要將遊客們帶往鹽礦的深處，感覺上距離很
長呢！

　　在每一處有展示圖（物）或是有工具出現的地方，小隊人員都
會停下來，由一位解說員指引大家聽語音導覽，從鹽的生成，如
何採礦等等的工具和步驟，都有專門的場景和介紹。但最妙的是
在每一個定點之間，除了礦坑車，還有各種不同的移動方式，其
中最受歡迎也最令小朋友期待的，就是史上超級無敵長的木造滑
梯！一批批的遊客最多四人一組，從滑梯上滑下，是往更深地底
的移動方式，當然對於不敢或不能溜的客人，旁邊也有樓梯可以
慢慢走下去，但大部分時候，你只會聽到孩子們不斷叫著：「再
一次！再一次！」

物超所值的鹽礦樂園

　　滑梯又是另一個拍照賺錢的地方，但我們也心甘情願地掏了錢
包，本來應該要我們全家四個人一起入鏡，但因為我斜揹的包包
沒有寄放，與滑梯摩擦拖累了滑行的速度，因此拍照只拍出一雙
鞋露出而已，所以建議一定要寄放大型的背包物品才能「一溜順
暢」！第一個出現的木造滑梯，長度很長很陡，但之後還有一段
更陡更長的溜滑梯，同一批的日本妹遊客們，穿著超高高跟鞋也
跟著滑，坑洞裡回盪著她們的尖叫笑聲，整個 high 翻天，真的
已經忘了是在進行知識之旅，還是在樂園裡遊戲了啊。

礦坑車往深處出發

　　除了溜滑梯往下移動之外，還有需要坐船移動的部分，其中經過一片鹽湖時，所有人都要坐上一艘平行移動的船，渡過佈滿螢光裝飾的超大洞穴，最後下船時，還能用手撈些鹽水喝呢。

　　在兩段很陡的滑梯之後，要怎麼回到原來的高度定點呢？在最後一段礦坑車回到入口之前，還會有一段向上的纜車（有點像是香港太平山往上的纜車）帶領大家回到高處，就說物超所值吧，各種設施都坐到了而且還免排隊！接著有一間導覽室，有各種螢幕的互動遊戲方式呈現出關於鹽的知識，有問答題，也有小遊戲，讓大家可以自行使用。

　　最後，最精采的來了，大家再度跨上礦坑車，一路飆回入口，語音導覽裡特別說明，為了讓大家更有身歷其境的感覺，最後坑道裡安排了一段聲光爆破秀（別擔心，不會在身旁爆破，純粹狀聲而已），在出去前給大家一個驚喜，看來這趟知識之旅真的是很有心要娛樂大家的。

親子
觀察站

PARENTS'
THOUGHTS

比起硬邦邦的參觀講解鹽的生成與種類等知識，這座鹽礦坑樂園的設計實在是超越普通博物館的巧妙！

孩子在進入礦坑前完全沒有想到，這個鹽礦博物館會是這麼有趣，並且提供了五官皆豐富的互動式體驗；或許這會兒他們年紀還小，遊覽完之後不會記得太多有關鹽的知識，但比較大方向的概念以及遊覽中的樂趣，是他們幾年後長大回憶起時，仍能津津樂到的旅程，描述起來就像是昨天才剛去過一樣的生動。

這也是我們希望一次次的親子旅行，能帶給孩子的體驗：建立起寬廣接納的胸懷、對未知的好奇心，以及對世界探索的渴望。

▶

3

可看不可及的
楚格峰

Zugespitze

即使是在最炎熱的八月夏天，德國境內也存在兩種不同的天氣！
在平地遙望德國最高點楚格峰，晴朗的天空和燦爛陽光，暖烘烘
的想讓人來場日光浴，但若是真的穿少少上楚格峰，保證你不到
三秒就想下山！先跟民宿主人打聽好當地氣候是絕對必要的喔！

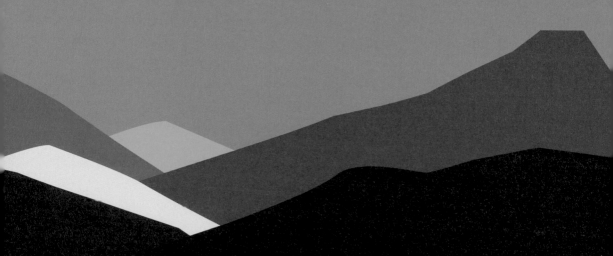

　　聽説要能親眼看到，甚至登上德國最高峰楚格峰的峰嶺，可不是人到了現場就一定可以達成的。

　　當我們全家剛住進米特瓦德（Mittenwald）渡假公寓（詳見P.173）時，主人 Karin 看著陽台外的山景，很認真的説：「楚格峰不是你想去就一定看得到的，如果你們早晨看到山景像現在這樣清楚，一定要把握機會趕快出發！」呼，還好我們在這裡準備停留四個晚上，總有一天能成功吧？

　　雖然是夏天拜訪楚格峰，但最高峰的溫度也都在 10 度以下，我們在前一站黑森林就已經有了被 8 月下旬森林「涼意」教訓到的前車之鑑，因此趁早幫小孩準備了較保暖有內裡的長褲，採取洋蔥式穿著，不然上了楚格峰就得忙著打哆嗦，而無法享受登上最高峰的各種樂趣了。

楚格峰環線遊

　　從住宿的米特瓦德小鎮一路開車前往雙子城的 Garmisch-Partenkirchen 火車站前停車，由此搭乘大眾化的遊覽路線：楚格峰環線遊。

　　由起點雙子城開始，坐齒輪火車到冰河站，再換搭冰河纜車 (Gletscherbahn) 上楚格峰；最後回冰河站再搭艾比湖纜車 (Eibsee-Seilbahn) 下山。三種交通工具一天內任意搭乘，加上德國最高峰山景的體驗，正常票價是成人 43.5 歐元、兒童 22.5 歐元，但我們全家兩大兩小的夏日家庭票只要 117 歐元（冬日 120 歐元），足足省了 15 歐元！只要是家人同行，就算是單親爸媽帶著一個兒童也有近 6 歐元的折扣！一個大人 43.5 歐元，越多小孩 (6-15 歲) 也越划算！另外，非常鼓勵親子共遊的德國人，除了家庭票折扣外，還會再發給每個小孩一包楚格峰包裝的軟糖！

　　在雙子城火車站裡，必須走到月台區通過一個地下通道越過月台後，才會走到楚格峰專門的齒輪火車站和環線遊的售票亭，可不是在一般火車票的大廳內買票喔！

月台區往下　　　　　　　　　　　　月台下的地下道

準備搭乘齒輪火車的旅人　　　　　　　　　　　　　　楚格峰環線遊車票

在月台上等待齒輪火車發車時，藍藍的天空中有朵朵白雲飄過，像畫一樣，白雲偶而聚集在附近的山頭上，像為山脈們瞬間帶了頂白帽，這時我們開始有預感，原來即使沒下雨也可能看不到楚格峰，大概會是什麼樣的情況了。坐上會沿途發出喀啦喀啦聲音的齒輪火車，窗外盡是阿爾卑斯鄉村田原風景，綠草地上點綴著許多可愛小屋，這時還穿著短袖的我們，非常難以想像半小時後馬上會進入一個有冰有雪的地方。

搭乘火車到中途的 Greinau 站，所有乘客必須在此下車，換搭另一台齒輪火車。從這裡開始就是一路上山的車程，先經過短暫一瞥的艾比湖（也可在此下車前往，再等下班列車），穿過一段隧道後，便抵達終點冰河站，也就是楚格峰平台 (Zugspitzeplatt)。

等到列車一靠站，就看整車遊客忙著兩件事：上裝備和上廁所！由於晴天的冰原或雪地，地面上反光刺目最好戴上墨鏡保護眼睛；加上戶外冷風陣陣、溫度已瞬間來到攝氏 7 度，脖圍外套帽子也趕緊全配戴上；從等車搭車換車已經將近一小時，全家二話不說立刻衝去洗手間報到先！

德奧交界點

兩個世界的絕妙體驗

楚格峰的冰原到了夏天只剩一塊常年不化的區域結冰,其餘大部分是一整片淡色土石。一走出冰河站,就可以看到德國最高的瑪麗亞升天教堂 (Maria Heimsuchung),樸實又堅毅地站在高高的巨石上。但先不管教堂了,我們決定非常觀光客地先衝去坐纜車上楚格峰,剩下的回頭再說!

搭乘單程 4 分鐘的冰河纜車上到楚格峰,抵達最接近海拔 2,962 公尺峰頂的一座平台,這裡可有趣了,視野好時,可以環看德國、奧地利、義大利及瑞士四個國家的山景,繞到平台另一側就到了奧地利 Tirol 的入口處,從這裡穿過通道去搭乘另一種纜車 (Tiroler Zugspitzebahn) 便可直接進入奧地利,所以在這個德奧交界點的入口處,來一張觀光客遊兩國照,絕對是一定要的啦!

　　就像本篇標題開宗明義提到的，我們都坐了那麼多種交通工具上來了，明明在山下出太陽穿短袖喊熱，怎麼上到最高峰卻一片白茫茫什麼都看不見……？等等，那在雲霧裡若隱若現的金色小柱子，難道就是楚格峰最高點的正字標記嗎？

　　站在平台上，可以在十幾分鐘內經歷在一整片雲霧裡什麼都看不到，到突然一陣風起，雲霧盡散，陽光灑落在楚格峰金色十字架上的景象，這時我們才清楚看到平台旁一條陡峭的小徑上，有一整排人龍要爬上峰頂的盛況（卻因為每個人身手矯健程度不一而大塞車）。但轉眼間人、十字架和峰頂又從眼前不見了，一切再度埋進了雲霧裡。我們卡在峰頂和平台間進退兩難的人群中，決定還是不勉強登頂，倒是全家有志一同地直奔餐廳祭祭五臟廟。坐在室外雖有點涼意，還有一旁的烏鴉虎視眈眈，但坐在全德國最高的 Biergarten 露天啤酒園裡一邊喝啤酒和熱牛肉丸湯，吃白腸配扭結麵包，一邊欣賞若隱若現的楚格峰妙景，可是比卡在山峰間愜意多了吧。

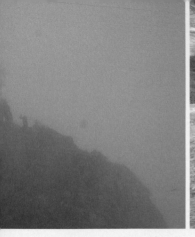

　　回程當纜車漸漸下降，這才清楚看到冰河站外的全景：除了教堂和土石坡，仔細一瞧，尚有白雪在斜坡冰原上，原來是讓遊客滑雪橇的遊戲場。說是雪橇，其實是一個圓盤座椅加上一根抓握桿的簡單結構，大人小孩們就這樣一路溜下去，再喘呼呼地拉著雪橇上來，人潮雖多，但不用等太久就能玩到，因為一兩趟滑下去再爬上來，其實是很耗體力的，實在也無力玩太多次啊！

　　待孩子玩夠了，全家便在瑪莉亞升天教堂旁爬爬走走，接著邁入此行最難熬的等待：搭乘艾比湖纜車下山。

　　因為大部分遊客都走一樣的環狀行程，選擇搭艾比湖纜車下

山的遊客，也都是在午餐過後準備離開，所以排隊上纜車的人群全都在午後開始聚集。等了 40 分鐘左右，我們終於上了纜車，但等待是值得的，這一段下山纜車的風景非常美，可以看到雲層間慢慢露臉的艾比湖和環繞的森林山景。當下山與上山的纜車交會時，畫面就如同風景明信片般地展開眼前，彷彿從雲霧間穿梭下山，一到了山下艾比湖前卻又是陽光綠野碧湖，像是另一個世界。夏日楚格峰的山頂與山下，截然不同的氣候與體驗，真是非常奇妙的對比經驗！

旅行
———
便利貼

TRAVEL
NOTE

楚格峰官方觀光網站（有繁體中文）
http://zugspitze.de/en/sprachen/taiwan

4

漫步在美麗的
德奧邊界山脈

Karwendel

在德國走跳，很容易會在無意間又發現一處世外桃源，旅行清單上「下次必去」的景點地區就在不知不覺中越加越多……，但這不正也是旅行的附加樂趣嗎？卡爾文德爾山脈區，就是這樣一個地方啊！

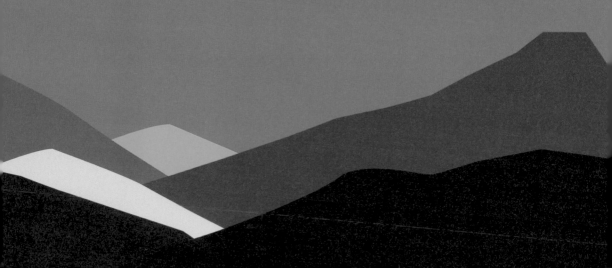

　　原本只是想在前往德國最高點楚格峰時，找一個清靜、小而美的地方落腳住宿，沒想到這一趟停留在卡爾文德爾山脈區的米特瓦德數日後，發現除了楚格峰之外，還有更多有趣又值得細細品味的地方，成為我們下一次想花更多時間慢遊的目的地。

　　米特瓦德位於阿爾卑斯之路上，從新天鵝堡開車過來約一個半小時左右，無論是前往楚格峰（搭火車或開車半小時內到達 Garmisch-Partenkirchen 雙子城車站，再換乘上山的交通工具），或奧地利（開車在一小時內）都非常方便。

　　米特瓦德是一座擁有清幽和簡單的鄉村小鎮，雙子城和 Oberammergau 著名的濕壁畫在這裡的街道上也隨處可見。

在米特瓦德鎮上漫步

小鎮上的任何景點或採買的地方，用步行的都到得了，即使我們住的公寓位在離火車站最遠的一側，但輕鬆散步到火車站也不過半小時。米特瓦德雖然是個小鎮，但比起外國遊客住宿聚集的雙子城，這裡仍是德國人熱愛的戶外活動（夏天爬山健行、冬天滑雪）勝地。鎮上方便採買的大超市就有三間，餐廳也非常多，且有許多不同的料理選擇，在最熱鬧的 Obermarkt 市集上也有非常多可愛的小店令人流連忘返。

物超所值的住宿體驗

這次我們入住位在米特瓦德的超級豪華渡假公寓：FeWo Lebensfreude，大概是在德國旅遊多年來，遇過最豪華最貼心的渡假公寓了！公寓地點離火車站較遠，位於公路出口旁，靠近觀光山區健行的入口，對開車自駕的旅人來說比較方便。

公寓主人是 Obermarkt 市集邊上一家義大利餐廳的老闆娘 Karin，她的英文非常流利，我才剛在 Booking.com 上訂房後隔一天，她就親自寫了 e-mail 表達歡迎，要我放心隨時可以發

問。當天我們開車抵達米特瓦德時是下午 3 點，Karin 接到電話後不到 5 分鐘，隨即從餐廳趕回公寓替我們介紹環境。

　　一打開公寓，濃濃巴伐利亞風情的佈置和木製家具風格，讓人禁不住「哇嗚～」地讚嘆，除了必備的客廳、餐桌和廚房區之外，還有一個別具氛圍的吧台，孩子們一看到就佔據了這方天地，開始玩起情境遊戲。為了長住的客人舒適方便，書房區（含給孩子們的兩張單人床）還有一張大書桌，配有網路連線設備，連電話傳真機刷卡機都有！主臥室裡更誇張，竟然還有迷你更衣室，連收納衣服的各種抽屜和櫃子都有，設計非常周到！

　　不過最讓家庭主婦覺得貼心的設備，其實是在廚房裡！一般住渡假公寓或農場時，廚房和衛浴裡是不會有備品（洗碗精、咖啡濾紙、衛生紙、沐浴用品等等）的，即使有，也都是前面客人沒用完的，但在 Lebensfreude 的廚房及衛浴裡，不僅備有各種消耗品，甚至還附了兩顆全新膠囊的膠囊咖啡機！此外，就連冰箱裡也是驚喜，一打開冰箱時我愣了一下，因為冰箱裡有孩子的果汁、大人的啤酒、礦泉水，還有無酒精版的黑麥飲料！

暮色中的卡爾文德爾山脈

小藍卡

Karin 露出親切的笑容說這些都是免費的！或許對開餐廳的她來說，要準備這些並不麻煩，但也要主人有這樣的肚量哪！

FeWo Lebensfreude 旺季入住的房價一晚約 100 歐元，對觀光景點來說也並沒有特別昂貴！在停留 Lebensfreude 的四晚裡，我每一晚都坐在面對著卡爾文德爾山脈的陽台椅子上，喝著啤酒，在暮色中或滿天星斗的清涼空氣裡，完全放空地享受寧靜的山景，除了兩小在屋內的嬉鬧聲外，只有蟲鳴鳥叫的靜謐。

打赤腳的環山遊覽園區

凡是在卡爾文德爾地區住宿超過三晚，都會得到一張小藍卡（Karwendel visitor's card）。入住當晚，填好姓名資料交給 Karin 後，隔天早上公寓門縫裡便塞進了四個人的小藍卡。和黑森林訪客卡一樣，這張卡片也有許多卡爾文德爾地區的交通和門票優惠，我們甚至使用了這張卡片去公寓旁的纜車站，免費搭纜車上克朗次山 (Kranzberg)，不僅享受了健康，還欣賞到了此行最美的風景。

克朗次山的上山纜車站離下榻公寓不遠，步行約十幾分鐘，也可以開車前往，纜車站前有一小塊停車區。早餐後全家散步到纜車口，用小藍卡坐免費纜車上山，這一趟登山纜車大約 15 分鐘之久，坐在懸空的纜車椅上（年幼的孩子可以和家長一起坐，但座位寬約是一個成人一台的迷你開放式纜車），有種騰空飛行在美麗山野間、森林上方的感覺。腳下不時有健行團隊經過，頭頂的藍天和看不見終點的遠眺視野，讓這 15 分鐘像是凍結在美景中一樣，超級值回票價！

　　在山頂下了車，往上步行 100 公尺有一間餐廳 St.Anton。餐廳後方聚集了一群人正在脫鞋襪，我們這才發現除了山頂遠眺的美麗風景之外，這裡還藏了一個光腳環山遊覽園區！

　　在這座環山遊覽園區內，遊客可以依循小原始人的圖案標示，依照號碼順序環山一圈。沿途有各種不同地形：一段階梯上鋪了滿地松果，還有一區是冰涼軟爛的泥巴區，也有像平衡木般的設施，可以充分光腳運動兼 SPA 按摩的體驗。站上最高點眺望前後不同的山脈群和下方湖區，美到不可思議，孩子們光著腳在山坡草地上像小天使海蒂一樣的跑跳，藍天白雲和群山環繞的開闊，令人有種五感全都開通的快感！

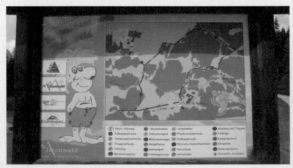

　　繞一圈回到餐廳後方，還有一區可以洗腳的玩水區，一旁也有給孩子的遊戲區和養了小羊的可愛小屋。我們進餐廳享用運動完後的美味，面對著無敵山景的南德料理（冰涼的啤酒是一定要的啊）。等待甜點時，兩個小孩又逕自跑到後面的草地遊戲和看羊了，我最喜歡南德山野裡這樣的餐廳環境，孩子們吃飽坐不住，大人又還想多坐多聊些時，有一區讓他們可以玩耍的開放空間，大家都自在。

　　克朗次山一遊，在悠閒散步下山後結束，沒有趕行程趕車或趕著收行李，下山後又漫步到超市採買晚餐的材料回家料理。是的，這一份就像是週末出遊後回家的感覺，讓出門旅行卻像是回家一樣的恬適，除了美好的環境和風土人文之外，還要有全家都自在、都享受的過程啊！

　　我暗自許下下一次夏天長假來卡爾文德爾山脈區住上一個月的願望，而且還是要在 Lebensfreude（joys of life）！

女兒家阿爾卑斯山
之路中見過的景色
畫下來

親子
觀察站

PARENTS'
THOUGHTS

在這幾年孩子陸續進入小學後，幾乎每一年我們家的南德或瑞士旅行，都愛往山區去，一來是因為在台灣，較長的假期如果想往大自然山裡去，仍有交通塞車或人潮過多之苦；二來是德瑞地區的大自然路線，常常有為了兒童作分級的有趣設計，更多鼓勵全家共遊的路線。

在大自然中，雖然孩子已有很多「齣頭」可以玩可以看（蟲鳥花草或玩泥巴玩水），但有了這些小小挑戰或樂園般的設計，更讓平常住在都市中的孩子對大自然充滿興致。將各式設施與自然結合，讓孩子對大自然更多一份喜愛和熟悉，也更能平衡對 3C 產品的接觸，當他們一看到大自然時莫不往前衝，只怕把爸媽遠遠拋在後頭，不怕拖不走啊！

卡爾文德爾（Karwendel）訪客卡資訊（英文）：
www.alpenwelt-karwendel.de/en/visitors-card

Kranzberg Lift 纜車資訊（英文）：
www.alpenwelt-karwendel.de/en/kranzberg-chair-lift-in-mittenwald

Special Feature

孩子們愛極了的
施華洛世奇水晶？

Swarovski Kristallwelten

台灣近年來颳起一陣文創風潮，我們在南德走跳時，雖不常看見歐洲人把標榜「創意」掛在嘴邊，但在樸實嚴謹的這一面底下，他們卻可以把創意玩得安全又有趣！就連世界著名的施華洛世奇園區，也是超乎意料的好玩啊！

　「我家孩子好愛施華洛世奇水晶！」 呃，這句話說出去還得了？但去過施華洛世奇水晶世界 (Swarovski Kristallwelten) 後，這兩個連什麼是精品都不懂的小學生，可都是牢牢記住了這個水晶品牌（連看到台灣廣告裡的模特兒都能立刻認出！），完全是因為水晶世界實在太抒壓、太好玩了！

　好玩？不是精品博物館嗎？難道可把水晶拿來當玩具把玩？

　沒錯，在水晶世界的園區入口處最醒目的綠色瓦登巨人頭後方，就是由多媒體藝術家安德烈海勒 (André Heller) 所打造的施華洛世奇水晶多媒體博物館和精品店。在這個多媒體展示空間內運用了各種聲光效果，和後現代藝術表現方式（咳，就是很容

易有看沒有懂的深奧啦！）深刻呈現出水晶的奇幻美感與特定理念。如果在網路上搜尋水晶世界的台灣部落客遊記，多數都在介紹館內的空間和展示，但是，從本書開卷看到這裡，你一定已經了解，會讓我們全家在此處流連忘返的，絕對不是室內的精美展示與水晶，當然更不是希望你荷包掏空的施華洛奇精品店囉！

大小朋友的夢幻遊樂園

穿過博物館，走出室內精品店，通過一旁閘門進入戶外公園區域，首先映入眼簾的是亮晶晶的、廣及 1,400 平方公尺的水晶雲步道！陽光下，這一片像雲一樣飄在遊客頭上，閃閃發亮的誇張裝飾，居然是由近 80 萬顆手工安裝的施華洛奇小水晶打造而成！在綠草和藍天之間，這片水晶雲一點都不帶貴氣，反而呈現出一種夢幻的優雅氛圍。不過，孩子們對水晶或是裝置藝術其實並沒有多大興趣，在（敷衍媽媽）作勢拍了一些照片後，早就等不及直奔後方那一棟黑色水晶切面的神祕建築物去了！

這棟神祕建築物，走近看才發現原來是一座充滿童趣的遊戲塔！不管大人小孩，在這裡的平均心理年齡都只有 10 歲！二樓的山型滑滑木地板，可以讓遊客爬上高點再「咻」地滑下（除了每位訪客皆須換穿的防滑襪之外，也有繩索輔助幫忙爬上去）。而由小圓洞開口進入的空間裡，由於地面不是平坦而是彎曲的，每個人在裡面都滑來滑去站不直，忍不住笑成一團。

二樓另一側，是一座高聳的筒狀網繩，可以一路爬到四層樓高。7 歲兒子雖然腳不夠長沒辦法爬很快，但因為身型小而靈

水晶雲步道

活，在網子間穿梭方便，竟一路領先全家人爬到了四樓。從四樓可由旋轉滑梯溜下三樓，而四樓另一側則有數個嵌入地面的彈跳圓床，讓大小朋友都跳到 high 了！滑梯滑下三樓後，一旁是需要手腳並用的平衡感木製繩橋，整棟遊戲塔內各層樓面積雖然不大，但四面全是幾近透明、可以看到公園環境和四周美麗環繞山景的特殊玻璃設計，身在其中，反而有一種在絕世美麗的自然環境中遊玩的夢幻感。我們一家人在這三層樓之間，玩了一小時多還出不來，好不容易離開準備要回家了，結果沒想到卻進入另一個更大的遊樂場！

在遊戲塔一旁，是另一個特殊造型的戶外遊戲場，可以讓大小孩子又爬又鑽，當然也少不了滑梯還有小沙坑。另外在遊戲場旁的是讓我們一家子又渾然不覺玩了一小時的（到底是多幼稚啊這家人），一隻手掌狀的綠色大迷宮！

歡樂的手掌迷宮

　　要帶著孩子進入比人身還高的實體迷宮，讓為娘的我很緊張，除了怕自己走不出來之外，也擔心萬一找不到小孩是要怎麼扯破嗓子喊到人？不過這座迷宮雖然有點難度，但只有設計一個出入口，另外出口對面還有一個非常貼心的鳥瞰台，我們母子三人進入迷宮後，老公可以爬到鳥瞰台上，觀察我們這群白老鼠在迷宮裡的模樣。

　　雖然孩子們一進去就自 high 地跟我走散了，不過尋著聲音，我們還是可以在相近的區域間穿梭不時撞見彼此。最開心的是母子三人從迷宮小小的仰角細縫裡，看到了在鳥瞰台上的老公，兩邊互相照了相，結果這一玩玩出了興緻。好不容易出了迷宮，老公提到在手掌正中心有一個圓柱，我們沒有走到，大家又鑽進去

迷宮對面的鳥瞰台

找圓柱，這回換我到鳥瞰台上觀望，父子三人繞來繞去，費了一番功夫後，終於有一個小藍點從手掌迷宮正中心升起（兒子的帽子），原來是老公幫兒子站到中心圓柱上，順利拍了一張「媽～我在這兒！」的照片，這才讓迷宮之遊圓滿結束，大家心滿意足地往出口移動。

　　一般自助旅行者甚至家庭，幾乎很少會花近一整天的時間在水晶世界裡。而旅行團在此逛完多媒體展示、採購完，也不會留太多時間讓遊客進入遊戲塔或迷宮裡慢慢玩。或許對大部分人來說，好不容易花錢出國歐遊一趟，花了這麼多時間在單純的遊樂上太奢侈，但對我們一家四口來說，這一天大家一起玩得這麼開心，又是被如此夢幻的自然環境所圍繞著（園內處處可見水晶藝

術，但那都不是重點了⋯⋯）。這樣的回憶和心情，即使看照片，
感受仍然清晰感動，這是再多名勝古蹟的堆疊，都無法比擬的。

旅行
便利貼

商店有這個記號就　　　　通行票
有賣通行票

從米特瓦德開車到奧地利的茵斯布魯克（Innsbruck）只
要不到一小時的時間，翻個山就到了，原本還在考慮是否
前往茵斯布魯克這座美麗的城市觀光，但仔細查詢過水晶
世界的介紹後，決定還是以水晶世界為主要目的。

若行程是在德國租車，開車進入奧地利，別忘了在經過德
奧邊界前，於德國加油站或小賣店，購買上奧地利高速公
路的通行票。

奧地利水晶世界官方網站（可選中英文）
Swarovski Kristallwelten
http://kristallwelten.swarovski.com/

▶

吃喝玩樂在南德

Viel Spass!

德國南部除了自然風光和童話城堡之外，在黑森林與阿爾卑斯路山之路間，還有許多可以穿插的有趣親子行程，甚至是更單純的吃喝玩樂模式；並且在不同的城市間行走，雖然同是德國，卻各自擁有不同的風情特色，趁著這個機會幫大家來上一堂有趣的德國課！

PART 4

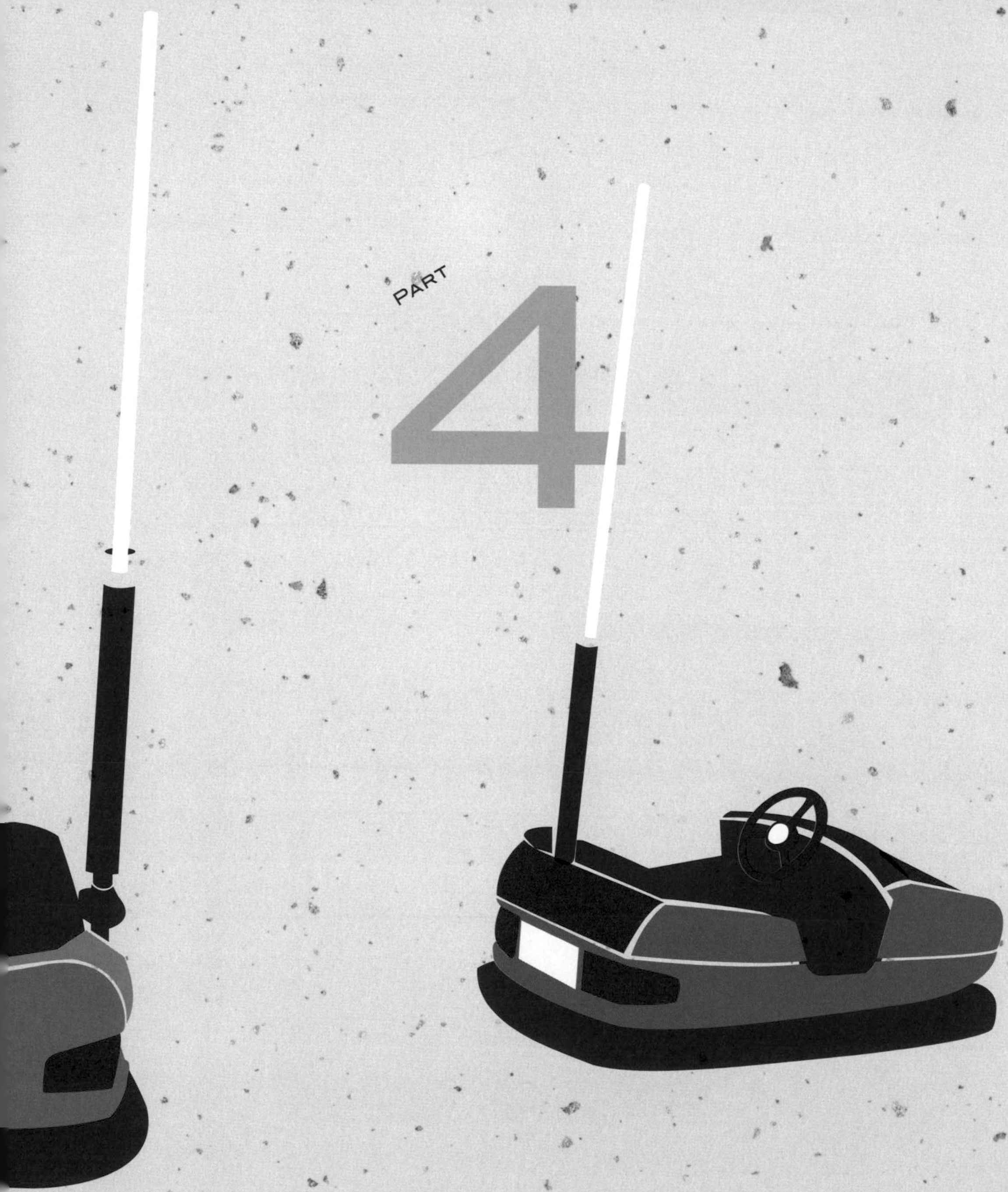

1

樂園篇

如果你是一個絕對的模型迷,那麼來到德國可別錯過這裡最可愛知名的摩比人模型玩具!在紐倫堡附近有一個摩比人的專屬樂園,不只可愛,也能讓親子旅行「動」起來!而巴伐利亞在靠近烏爾姆的城市近郊,還有一座讓大人小孩都為之瘋狂的樂高樂園,從遊樂設施到住宿,每一個細節都讓玩樂的樂趣達到最高。

媽，是誰把摩比變大了？──摩比樂園！
Playmobil Funpark

摩比樂園網站：http://www.playmobil-funpark.de/

如果你熟悉喜愛摩比：這個只有 7.5 公分高，卻有無限情境可能性的德國玩具，那麼只要你來到德國齊爾恩多夫 (Zirndorf) 附近的摩比樂園 (Playmobil Fun Park) 時，絕對會讓你從園區門口就開始 high 翻！

因為從踏入門口開始，說我們就走入摩比的世界，絕對就是再真實不過的老套形容！現在你就變成 7.5 公分的小模型人了，所有的摩比人、摩比的動物，或是摩比的建築物和交通工具，全都變成跟你一樣大的實體大小！

帶著一雙兒女玩了一整天的摩比樂園後，我必須說，和我原先想像的很不一樣，別誤會，絕對不是不好玩不可愛，摩比的放大人偶和各種設施建築絕對讓人充滿興奮，但更多的驚喜在於，這是一個讓孩子，甚至大人都能充分「活動」的樂園！這裡的每一項遊樂設施並不只是「乘坐」而已，還有很多項目更需要手腳並用、不斷地爬爬爬，或是要用自己的力量使遊樂器材動起來，就連雨天備案的室內設施，都充滿了一屋子繩索和爬梯滑梯！

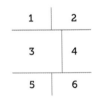

1. 比小孩還高的摩比人 2. 動手轉轉船 3. 超級 high 的爬高繩塔 4. 摩比人玩具戲水區 5. 蜘蛛網般的爬繩，化身蜘蛛樂此不疲 6. 同心協力親子木筏

1 | 2
  | 3

1. 用手「拉」才能前進的木筏
2. 西部牛仔區的套圈遊戲 3. 一
大片的樹屋區布滿了爬繩與超
長滑梯

　　我們特地在前一天午後，住進摩比樂園旁的小村莊齊爾恩多
夫，基本上從在這個小村裡漫步開始，一切就充滿了摩比味，藥
局，餐廳和麵包店櫥窗，甚至是公車站上，處處皆摩比！齊爾恩
多夫在夏天常有夏日特別慶典，村子裡有各式啤酒和小吃攤，也
有音樂演奏氣氛熱鬧，而由此前往著名的大城紐倫堡只需半小時
（火車／巴士），若多停留一兩日，也可作為住宿基地選擇。

樂園有樂高，樂趣更高──樂高樂園
Lego land

樂高樂園官網：http://www.legoland.de/

南德在巴伐利亞州另一個不可錯過的樂園，就是位於金茨堡（Günzburg）的樂高樂園。

　　不管是不是樂高迷，在南德這個樂高樂園裡，都可以找到適合每個人的遊樂設施。從最單純的迷你世界：將世界著名景點用樂高逼真精細的呈現，適合小小孩的各種樂高造型、自行乘坐或操控的交通工具遊樂設施，一直到青少年及大人們喜愛的刺激雲霄飛車、機器金剛等，不同的主題區內都有各種分齡適合的遊戲設計。當然，如果你是個樂高迷，入園後用大小不同的樂高積木所建構成的各種布置及遊戲設計，甚至連餐廳和洗手間的告示牌，都能讓樂趣達到最高！

　　我們在前一天入住樂園一旁的渡假村莊 LEGO Feriendorf，但即使十點開園就入場，仍趕不及在六點關園前玩遍各個主題區。即使在樂園裡的大部分時間都花在較多學齡前孩子適合的區域，如騎士王國、樂高城市、迷你世界和想像世界裡，但其實入園前或關園後散步回渡假村，一路上仍充滿了樂高樂趣。渡假村內有不同主題的住宿房型，我們住的金字塔區，中間大大的金字塔就是遊戲場，另外在渡假村餐廳旁也有好大一片的遊樂場讓小孩們繼續爬，更不用說房內也有各種樂高拼成的裝飾玩具，讓孩子們樂園關了，也開心地要再回另一個樂園玩。

　　樂高樂園大都早上十點才開門，關門時間隨季節而有不同，計劃旅程時一定要記得上官網查看時間和休園日。

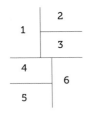

1. 由樂高拼成的等比例威尼斯 2. 園內四處可見以樂高拼出的大型童趣 3. 踩出各種樂器音樂的噴水池 4. 樂高積木以外的刺激遊樂設施 5. 渡假村遊戲場邊 6. 小朋友最愛的自己開賽車

1	3
	4
2	5

1. 臥室房中也充滿了樂高布置
2. 附近大城烏爾姆的世界最高
教堂 3. 連休憩椅區也有樂高樂
趣 4. 渡假村埃及主題區的金字
塔遊樂場 5. 教堂頂鳥瞰烏爾姆
市景

　　由樂高樂園開車只要約一小時就能抵達慕尼黑國際機場，半
小時內還能到另一個巴伐利亞的大城烏爾姆，烏爾姆的大教堂是
全世界最高的教堂，有時間的話，推薦全家挑戰爬上世界最高教
堂一遊！

2

城市篇

來過慕尼黑無數次，但除了從大人的角度欣賞這座城市之外，親子同
遊時我們也嘗試從孩子的角度看看不同的慕尼黑，一樣在大城市中，
走入慕尼黑動物園和科學博物館，少了來來往往遊客的紛擾，和孩子
一起在親子旅行中輕鬆又知性的學習。

帶你看看不同的慕尼黑
München

德意志博物館：
www.deutsches-museum.de/index.php?id=1&L=1
慕尼黑動物園：
www.hellabrunn.de/en/

慕尼黑是觀光客必遊的德國城市之一，市區景點大家最熟悉的當然是瑪麗恩廣場、HB 啤酒屋、安聯競技場和維圖阿連露天市場等，當然也有人把重點放在瑪麗恩廣場周邊的購物區！市區內觀光客非常多，夏天有時候連找到一個地方坐下來休息都難，尤其在瑪麗恩廣場等待整點音樂鐘的人，多到比鐘還有看頭（很有趣的畫面，黑壓壓的一片人群全都引頸期盼）！我們常以慕尼黑作為最後出境德國的終點站，在幾次的鬧區中參觀後發現人多到不像渡假，決定走不同路線，從孩子的角度看看慕尼黑。

大人小孩都適合的博物館

伊薩爾門（Isator）城門外，被伊薩爾河（Isar）圍繞的小島上，這座德意志博物館（Deutsches Museum）是個大人小孩的知識遊樂寶庫。

德意志博物館是全世界最大的科學博物館，涵蓋內容非常廣，一天根本無法逛完。其中尤有各種交通機具的演進（船、飛機、火箭大空梭等等），可進入其中實際參觀的機體，令大人（男士們尤其）小孩眼界大開。

博物館在每一層樓的主題內，都有針對 4-8 歲的孩子們設計不同的適齡操作性展示。地下一樓更有一整層專為 3-8 歲孩童設計的兒童世界（須大人陪同）。有適合小孩體驗的動力和水力等機械操作大型玩具，一整台開放爬上爬下的消防車，大積木和音樂體驗室等，各種和自然科學有關的遊戲設施。但館內最讓大人小孩都流連忘返的，我想應該是近出口的博物館紀念品店吧！

各種不同的世界性品牌，與科學、機械和創新有關的玩具，連男士在其中都會腦波變弱，不斷將東西放入購物籃，最後結帳時，小姐還非常親切（邪惡？）的說：「你知道我們的線上商店也提供配送到全世界各地的服務嗎？」

另外在博物館後方的伊薩河邊，還有一個隱藏版的放鬆絕佳景點，沿著河岸旁樹下散步，或躺在沙洲上曬太陽，孩子打水漂，城市內有一條這樣美麗的河流，這兒遊客也少，感覺真好。

市區內的野生動物世界

另一個推薦在晴天時適合全家漫步的地方，是慕尼黑的海拉布倫動物園（Hellabrunn）。我們花了一整天的時間，慢慢看慢慢玩，內容豐富到仍走不完所有的動物區。

園內處處有林蔭，不會有只想躲進夜行動物館或室內展館的燥熱感，是我覺得最舒服最享受的體驗，動物們如梅花鹿，獅子，熊等，都在很開闊的草地樹林間，很自然的悠遊活動，可近距離沒有隔牆或牢籠地欣賞牠們的姿態。在用餐區附近，仍是德國典型體貼父母的一大片遊戲場，吃完飯孩子們就在一旁的遊戲場上放放電、手腳並用地活動筋骨，之後繼續參觀散步或看餵食表演，夏天太陽下山晚，傍晚關園時間到了，仍有不少日照的時間可以再回老城區走走哦。

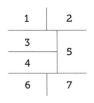

1. 可實際體驗接觸的飛機 2. 兒童世界中的樂器區 3. 近距離參觀戰機噴射機 4. 博物館旁伊薩爾河美景 5. 可以鑽進去看清楚的飛機頭 6. 動物園中小河悠游的塘鵝 7. 逗趣可愛的羊駝

3

飲食篇

你知道當所有遊客走入德國餐廳找著名的豬腳餐時，德國甚至有在地人一生中都沒吃過豬腳，那他們幾乎天天吃的又是什麼餐點？除了德國豬腳、香腸，你知道德國人喜愛的食物、日常小吃還有哪些嗎？若是前往德國旅遊，思念起家鄉的米飯好滋味，又可以去哪裡一解相思之愁呢？

德國人的最愛？——德國炸豬排
Schnitzel Schnitzel Schnitzel

德國人最愛不是豬腳嗎？一講到德國，幾乎所有人都會先聯想到「啤酒」和「豬腳」，但你知道德國人自己其實一年可能吃不上一次豬腳嗎！二戰過後，德國由於物資缺乏，在豬肉外銷的狀況下，只有剩餘部分可以給國人食用，於是豬腳成為家家戶戶吃得起的食材，流傳下來。德國北部多以水煮、南部多以燻烤為主，原先再尋常不過的吃食，遇上也愛吃豬腳的台灣人，竟成為德國必享的美食。

幾乎所有外國觀光客，都以為德國最知名的食物就是德國豬腳，但在十年前，一位在台灣工作的德國朋友就告訴我們，他活到三十幾歲可從來沒有吃過德國豬腳！後來和先生在德國居住了一年，回台灣後有機會再到德國旅遊出差，我前後加起來也只吃過三次豬腳，比起南德的烤豬腳，我更愛北德的水煮豬腳，口感較嫩卻不油膩。但其實，不管是走在德國或台灣街上，隨便找一位德國人來問，他們在德國最常吃的食物是什麼？答案絕對都是：Schnitzel！炸豬排！

最道地的德式炸豬排

德奧地區的炸豬排，和一般台灣人熟悉的日式炸豬排口感很不同。德式炸豬排使用的麵包粉比較細，肉片則是敲成薄薄的一大片，口感比較乾爽，但一入口絕對涮嘴停不下來。每一份炸豬排都會佐上均衡的配菜，德國友人說 Sch-Ni-Po-Sa（噓－你－剖－柵）才是正宗德國國民菜：Schni（噓你）就是 Schnitzel 炸豬排，Po（剖）就是 Pommes 薯條或薯塊，Sa（柵，發音 za）則是 Salat 沙拉。說起來，這 Schniposa 還均衡的很，有肉有菜有澱粉，要說還缺什麼，就是那一大杯的德國啤酒啊！

一般遊客如果在德奧地區點餐不知道要點什麼，炸豬排是非常安全又好吃、又夠份量的餐點。有些餐廳會提供 Reis，就是米飯作配菜選擇，不過德國米飯通常不是亞洲人愛吃的那種，而是長長乾乾硬硬的，要我選我會選他們的炸薯條，帶著小孩的話，盤內薯條絕對見底，吃德國米反而吃不慣。

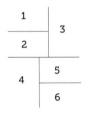

1. 德式水煮豬腳加酸菜 2. 標準的 Sch-Ni-Po-Sa 3. 秋天有美味多樣的南瓜餐 4. 德式香腸沙拉開胃菜 5. 比臉還大的土耳其 Kebab 口袋餅 6. 口袋餅中裝滿了生菜與肉片

Neuer Süßer 1,60
Kürbiscremesuppe 3,00
Kürbiseintopf 4,60
Speckpfannk. + Kürb.gem. 6,90
Rindfleischsalat 5,90
Wildragout, Spätzle + Salat 11,90

便宜又大碗的土耳其 Kebab

另一樣非常推薦的快餐小吃，比餐廳便宜又均衡大碗的，是土耳其的 Kebab 店！

Kebab 就是土耳其式袋餅，和一般台灣看到的沙威瑪不太一樣，雖然羊肉也是從大棍子上削下，但半個比臉還大的麵餅裡，除了肉片還會包進大量的生菜並淋上酸奶醬汁，這種店都可外帶，並且還會有 pizza 和一整盤加上炸薯條的其他選擇。

亞洲快餐拯救米飯胃

但若要在德國思鄉了起來，非想吃米飯不可怎麼辦？別擔心，

1. 在亞洲餐館買到的亞洲米飯 2. 去市集或超市採買料理食材 3. 在渡假農場中簡單料理的美味

德國各地都有亞洲快餐店（並且是用一種特定的字體標示店名，很妙）。通常價格比上一般德國餐廳便宜，也可以外帶，型式上每一份快餐都有配飯，菜色是大火快炒的不同醬料（可選，但口味都比台灣重）燴蔬菜，配上自選的肉類，而最便宜的通常是炒飯或炒麵；如果非常想喝清湯或湯麵（德國的湯也是重口味並以濃湯居多），現在也越來越多越南式的亞洲餐點，如河粉。總之，在街上閒逛時多注意一下奇妙的亞洲餐廳字體或中文字，常聽說許多台灣朋友連吃兩天馬鈴薯和麵包就投降啊！

若是帶著孩子住渡假公寓或農場，只要有廚房，我們更常是自己到超市採買後回住處料理，價格比上餐廳便宜，口味分量也可以自己調配。德國超市的食品選擇非常多，尤其是肉類和方便調味包（像台灣的康寶）多到目不暇給。生麵糰的半成品，如義大利麵條、麵餃也都非常多選擇，現在也都有亞洲圓米和泡麵（泰國居多）可以買，要說有什麼是在到德國前最好要習慣或接受的飲食問題，我想只有早餐通常是冷火腿或香腸片配麵包（但都非常豐盛的選擇），以及吃生菜沙拉這點了吧！超市有各式沙拉葉菜的方便包選擇，若一定要吃煮熟炒熟的蔬菜類倒是比較要花點腦筋，不過我們家非常愛德國的冷凍菠菜加熱後即食的菠菜泥，又便宜又嫩，不失為一種蔬食選擇哦。

想到德國玩，別為了吃擔心，只要小心別點太多、分量太大吃不完，其餘就放寬心地和德國人在開動前一樣說聲：Guten Appetit（祝有好胃口）！

4

節慶篇

如果說你對德國人也有一種嚴肅冷漠的刻板印象，那秋冬的啤酒節與聖誕節，是你重新認識這個民族的好時機！啤酒節餐廳中的熱鬧氣氛，與聖誕市集中人人都開心無比的溫暖笑容，是的，甚至是在氣溫只有零度到十度的季節裡！

德國在地的歡慶盛典──斯圖加特啤酒節
Volksfest Stuttgart

德國啤酒節：慕尼黑和斯圖加特的啤酒節，時間都在 10 月，但每年日期不一定，所以叫 Oktoberfest（十月慶典）。

啤酒節大概是唯一能見識德國人有多「瘋狂」的機會之一了。

一般人想到 10 月啤酒節多半會想到慕尼黑，但根據德國在地朋友指引，斯圖加特 (Stuttgart) 的啤酒節活動其實內容和慕尼黑差不多，現場氣氛一樣熱鬧，不過由於慕尼黑啤酒節太有名，吸引大批外國觀光客，所以比較常聽到意外和鬧事（尤其是晚上）的狀況。相較之下，斯圖加特啤酒節參加者多為在地德國人，較少各地湧入的遊客，所以秋天遊南德想帶著孩子體驗啤酒節，我們還是選擇了斯圖加特，從斯圖加持火車站坐一站的快車到巴特康司達特（Bad Cannstatt），在那裡跟著人潮走，Cannstatter Volksfest 就是啤酒節啦！

德國啤酒節就像一場超大型園遊會，活動從白天開始開放入園，我們通常選在下午近傍晚時出發。園內有許多不同啤酒品牌的大帳篷（真的很大，每個帳篷都可以擠進幾百人），在啤酒帳篷外林立各式遊樂設施和小吃攤，像是規模比較小的樂園，但小歸小，一些驚險刺激的翻轉飛車也不輸給樂園的精采，人潮也不多（大部份德國人都擠進帳篷裡啦！），大人小孩都可以輕鬆渡過玩樂時光！

園遊會裡，有在德國商店內很少見的大型「抽娃娃攤」，很像台灣古早的一元抽獎遊戲，紙籤中大小獎銘謝惠顧都有，大獎就是大隻的絨毛玩具，小獎則會有令人哭笑不得的獎品，大部分都是帶回家不知道可以幹嘛的小獎，但園內那種歡樂放鬆、大家都在抽獎的氣氛，就讓一堆人（包括我們！）忍不住圍在攤子前不斷買了來開獎，最後當然什麼大獎都沒有，只好當作是徹底融入

1	2
3	4
5	6

1. 啤酒帳外觀就像是超大間餐廳 2. 越晚越熱鬧的嘉年華 3. 可以飛高高又刺激的旅轉飛椅 4. 近乎 360 翻轉的海盜船 5. 小朋友喜愛的騎迷你馬 6. 巴伐利亞傳統服飾在園區內隨處可見

參與節慶囉！除了在攤子前會有比較多的紙屑之外，園內的環境和秩序都滿好，老公說這大概是他看過最乾淨的大型園遊會！

　　一進入帳篷內，就能看到德國人瘋狂 high 的一面！每個帳篷內都有不同品牌的啤酒廠所提供的餐飲，放眼望去滿滿都是人，還有穿梭在其中、個個像大力士舉了一堆一公升酒杯和餐盤、身著傳統服飾的侍者們。最瘋狂最熱鬧的，通常在表演舞台的正前方，舞台上常是樂團演奏特有的節慶樂曲，有時穿插著搖滾名曲，只見喝 High 了的德國人一群人站到椅子上大家舉杯歡唱，而這時看看手錶，也才不過下午三點鐘！小朋友看我們一人一公升啤酒的氣勢，也點了無酒精的蘋果汽水（Apfelschole）來乾杯，雖然帳篷內混雜著音樂聲和人聲，和鄰座的距離也很近甚至到一個擠的地步，但歡樂的氣氛讓德國人都顯得格外友善，原來的距離感也消失，我們第一次學到原來吃白腸最好吃的方法是要剝掉外皮，就是在斯圖加特的啤酒帳裡坐旁邊的德國歐吉桑教的，看我們剝得不美還直接動手幫忙，剝完又繼續揮舞著雙手一起唱歌！

　　斯圖加特除了啤酒節，另外最讓我們最欣賞的，是它擁有全德國最綠都市的美名！你可能很難相信，一座工業城，在主要火車站旁寸土寸金的周邊有一大片的公園綠地，隨你躺，隨你散步，而主要的購物大街國王街 (KönigStraße) 上也有高高的綠樹，逛起來非常舒服，整體上是一個舒服又友善的都市。來到這也別忘了走一趟世界最美的圖書館：斯圖加特市立圖書館，以及就在一旁，熱鬧的超大購物中心 Milaneo 哦！

1. 大型「抽娃娃攤」2. 啤酒帳內音樂聲中大家 high 翻天 3. 來一大杯 1 公升啤酒是一定要的 4. 世界聞名的斯圖加特圖書館

德國主婦的最愛盛事——聖誕節

各城市的聖誕市集及和各種慶祝活動，約都在 11 月底左右開始，
但每一年每個地點確實是哪一天，都會不同，到訪之前可以先查
一下各城市的官方網頁。

記得朋友曾笑說，在德國有種說法是德國主婦們一年有兩種狀態，一種是正在「過聖誕節」，另一種則是正在「等待聖誕節」（也就是說，聖誕節過後，就又立刻開始進入等待過聖誕節的期盼中），這大概能巧妙地提點出德國的聖誕節是多麼有氣氛！

　　冬天遊德國，即使是最南邊的黑森林都冷得要命（11 月底攝氏 0 度），四處光突突，但是有了聖誕節，一切都不同了，如果真的想冬天到德國玩，沒什麼好說的，就是一定要在聖誕節前來感受一下真正的聖誕氣氛啊（非常理解上述德國主婦的心理 XD）！

　　充滿聖誕歡沁氣氛的德語區，在越靠近聖誕節的前夕（各地聖誕市集通常自每年 11 月下旬開始，12/24 平安夜結束），到處擠滿了法國，甚至義大利的遊客。除了街上充滿了聖誕裝飾外，一般民眾家中也傳出濃濃聖誕味：窗戶和陽台上可以看到大家用電像不用錢似的燈泡裝飾，超市裡的主婦忙著採買烤點心的材料，看看 Mueller（像台灣的屈臣氏）店裡大家的購物籃，你會以為這幾天即將大停電，因為大家都在買蠟燭！再加上許多人在這時休長假，使得城市的老城區像是無人工作一樣，每個角落都充滿歡樂輕鬆的氣息，就算是大街上飄著雪，連要抬腳走路都有點困難擔心滑倒，仍會覺得大家臉上都在笑，似乎隨時都會聽到有人哼著歌，老城區隨處會出現報佳音唱歌的小型合唱團，就連一般嚴肅的銀行行員都突然親切了起來，提錢時多數了張百元大鈔，還跟你開玩笑說是聖誕節的 10%Bonus（可惜不是真的）！

聖誕市集和台灣夜市有點像又不太像，有吃有喝有玩有各種應時商品可買，每一個小攤都令人駐足不忍離開。我們從早上十點就開始，一路吃喝玩樂整天到晚上，花上一整天在逛聖誕市集一點都不誇張！孩子們最愛市集裡的兒童遊樂設施，旋轉車算是基本款，通常還會有小小摩天輪或旋轉木馬，不過每個地方的聖誕市集規模都不太一樣，離機場最近的法蘭克福是標準的大城市聖誕市集，規模就很大了，連旋轉木馬也有兩座，一座雙層一座單層在兩個不同的區域；但小城有小城的可愛，像黑森林入口大學城弗萊堡，最熱鬧的古城區，聖誕市集的面積就幾乎佔了老城區一半，小的好處是走累了覺得冷了，很快就可以躲進百貨公司裡，這個時節正在舉辦冬季特賣，百貨公司的裝飾也非常聖誕，這時節到德國的行李箱就別放太多個人衣物了、多留點空位吧！

　　而到聖誕市集，很多人的重點就是吃啊！天冷圍著桌子立食，人手來一杯熱香料紅酒是一定要的，喝了身體立刻暖和起來。每個聖誕市集不同的攤位會有不同的酒杯設計，個個令貪杯人愛不釋手，可以帶回作紀念也可還杯子退費，甚至還有小孩飲用無酒精的選項哦！最後，在聖誕市集裡，一定會看到的是馬槽聖嬰布置，藉此提醒大家聖誕節的由來，不要只記得是吃喝玩樂啊！

1	2
3	4
5	6

1.街道上常見聖誕老人爬東爬西 2.市集中的小朋友實作烘焙 3.市集上最不乏各式閃亮家飾 4.貼心的暖爐烘烘手繼續玩 5.每個聖誕市集少不了的旋轉木馬 6.夜晚燈飾亮起聖誕味更濃厚

Pustefix 無毒神奇泡泡

全球知名六十年經典老牌，德國製原裝進口。
大人小孩都愛的七彩泡泡，輕巧晶瑩又持久。
安全環保無毒泡泡配方，可自然分解更安心！

玩德瘋 精選德國家品玩具

WECK WITH WECK 玻璃罐與週邊雜貨

德國製密封玻璃罐，加熱烹飪過程無雙
酚A好放心！搭配日本設計專門雜貨，讓
居家及餐廚生活有更美好的風景。

PlayMais® 玩玉米創意黏土

德國製安全玩具小玉米大創意！食材製成高品質創意黏土，輕鬆沾水建構黏出孩子的想像力。無毒環保適合三歲到九歲的孩子一起安心遊戲！

全家大小都享受的安心品質與玩藝樂趣！

WERKHAUS 德國木製傢飾

德國設計製造，重視綠能、利用環保素材的得獎木製文具與家飾傢俱。多彩多姿的創意印刷設計，簡單的DIY組裝，超實用的收納力！

出遊 = 鐵人三項 ?!

長途駕駛...

照顧小孩...

行程安排...

為什麼要 #坐火車遊歐洲？

[旅遊資訊分享] 　[專人諮詢]

坐火車去旅行　　飛達旅遊

1　不怕沒廁所，還能追趕跑跳蹦

2　不怕肚子餓，點心飲品餐車買

3　只怕玩不夠，親子共遊 6 歲以下免費，優惠多多！

Go By Train
飛達旅遊

20 年經驗的團隊，為你的行前規劃省下 100 小時！

憑本書購買 **德國火車通行證**，免 **6 歐元** 手續費

優惠至 2018.12.31 止

更多歐洲自助資訊請搜尋 🔍 飛達旅遊 GoByTrain

聯絡電話：02-8771-5599

親子玩德瘋　抽獎活動1！

凡購買《親子玩德瘋》一書，並於 2017.05.10 前將此回函寄至木馬文化者，即有機會參加獨家抽獎！ Go By Train 飛達旅遊

◆ 活動期間

〈活動期間〉2017/03/10 ～ 05/10（郵戳為憑）

〈得獎名單公佈〉2017/05/15 公布於木馬文化粉絲團

◆ 獎項說明

飛達旅遊 歐洲鐵路台灣總代理提供「德國火車通行證一個月任選五天 成人頭等艙」兩張 *1 名額（售價 302 歐元／張）

〈獎項內容〉德國火車通行證可在火車票效期限內，無限次數搭乘由 Deutsche Bahn (DB) 經營的火車，包含到奧地利薩爾茲堡 (Salzburg)、瑞士巴賽爾 Bad Bf 火車站之火車。但票價不含訂位、餐飲及睡臥舖。須留意無法搭乘 DB Autozug 和 DB Urlaubsexpress (UEX) 等火車。

〈使用期限〉即日起～ 2017/06/30 前洽飛達旅遊提出兌獎申請，申請日需在火車啟用日 40 個工作天之前，並需依規定在期限內使用完畢，否則視同放棄。更多未盡事宜將於訂票時告知，訂票請透過飛達旅遊：(02)8771-5599

◆ 活動注意事項

活動回函卡請於 2017.05.10 前寄至木馬文化出版社，由木馬文化出版社抽出得獎者並個別通知得獎，請留下確實完整之聯絡方式，將於 5 月底前電話通知三次，未能聯繫上者視同放棄。

讀者姓名：＿＿＿＿＿＿＿＿＿＿＿＿＿＿＿＿＿＿＿＿＿＿＿＿＿＿＿＿＿＿

聯絡電話：＿＿＿＿＿＿＿＿＿＿＿＿＿＿＿＿＿＿＿＿＿＿＿＿＿＿＿＿＿＿

電子信箱：＿＿＿＿＿＿＿＿＿＿＿＿＿＿＿＿＿＿＿＿＿＿＿＿＿＿＿＿＿＿

請沿虛線折回

23241
新北市新店區民權路 108 號 1 號 4F
遠足文化事業股份有限公司
木馬文化出版社　　收

親子玩德瘋 抽獎活動 2！

凡購買《親子玩德瘋》一書，並於 **2017.05.10** 前將此回函寄至木馬文化者，即有機會參加獨家抽獎！

◆活動期間

〈活動期間〉**2017/03/10 ～ 05/10**（郵戳為憑）

〈得獎名單公佈〉**2017/05/15** 公布於木馬文化粉絲團

◆獎項說明

德國原裝進口 Felix 小兔環遊世界桌上遊戲（市值新台幣 1150 元），十名。

熱門桌戲複刻上架，德國經典卡通冒險小兔 Felix 桌遊，進行環遊世界比賽，遊戲中訓練策略思考，並從中可認識世界各地的特色和交通工具安排，讓孩子除了學習世界觀外，也可以和大人們一起鬥智！

◆活動注意事項

活動回函卡請於 2017.05.10 前寄至木馬文化出版社，由木馬文化出版社抽出得獎者並個別通知得獎，請留下確實完整之聯絡方式，將於 5 月底前電話通知三次，未能聯繫上者視同放棄。

讀者姓名：_____

聯絡電話：_____

電子信箱：_____

購物折價金 100 元

即日起至 2017.12.31 前，凡於玩德瘋購物中心 www.wonderfulselect.com 購物，結帳時輸入以下序號「**tripmitmelon**」皆可獲得 100 元購物折價金！

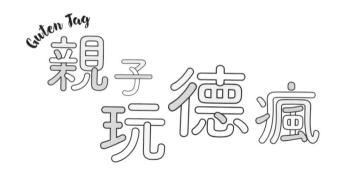

作者：Melon

總編輯：陳郁馨

副總編輯：李欣蓉

編輯：陳品潔

行銷企畫：童敏瑋

美術設計：李佳隆

地圖插畫：吳郁欣

社長：郭重興

發行人兼出版總監：曾大福

出版：木馬文化事業股份有限公司

發行：遠足文化事業股份有限公司

地址：231 新北市新店區民權路 108-3 號 8 樓

電話：(02)2218-1417

傳真：(02)8667-1891

Email：service@bookrep.com.tw

郵撥帳號：19588272 木馬文化事業股份有限公司

客服專線：0800221029

法律顧問：華洋國際專利商標事務所 蘇文生律師

印刷：凱林彩印股份有限公司

初版：2017 年 03 月

定價：340 元

國家圖書館出版品預行編目 (CIP) 資料

親子玩德瘋 / Melon 著 . 一初版 . 一新北市：木馬文化出版：遠足文化發行
2017.03　面；17x21 公分 ｜ ISBN 978-986-359-365-2(平裝)

---

1. 自助旅行 2. 親子 3. 德國　　743.9　　　　106000002